Cómo creé mi tribu y cómo puedes crear la tuya

Cómo creé mi tribu y cómo puedes crear la tuya

Aprende a desarrollar tu marca personal y tu comunidad de seguidores

JOSEF AJRAM

alienta
EDITORIAL

© Centro de Libros PAPF, SLU., 2025

Alienta es un sello editorial de Centro de Libros PAPF, SLU.

Av. Diagonal, 662-664

08034 Barcelona

www.planetadelibros.com

Primera edición: febrero de 2025

Depósito legal: B. 1.091-2025

ISBN: 978-84-1344-385-0

Composición: Realización Planeta

Impresión y encuadernación: Limpergraf

Printed in Spain - Impreso en España

Sumario

Introducción

Se ha escrito y hablado mucho sobre la marca personal, por lo que yo no pretendo inventar nada nuevo ni ofrecer una estrategia revolucionaria. Sin embargo, es cierto que, cuando alguien me comenta: «Oye, tienes más de dos millones de seguidores», siempre respondo con una reflexión que suele sorprender: «Sí, pero todo empezó con un ordenador y cero seguidores». Esto impacta porque, a menudo, se asume que quienes tienen muchos seguidores han llegado ahí sin esfuerzo. La verdad es que los comienzos son siempre lentos, y el crecimiento requiere constancia y paciencia.

Mi intención con este libro es compartir mi experiencia, ya que he notado que muchos profesionales malinterpretan el concepto de marca personal. A veces, creen que se trata de vender productos como tazas o camisetas, lo cual es un error. La marca personal, en realidad, es una herramienta para vendernos a nosotros mismos, incluso en la búsqueda de empleo. Como bien dijo Annabel Edo, una reconocida *headhunter* de Ackerman, a quien conoceremos en profundidad en este libro, uno de los mayores problemas de las personas que buscan trabajo es que no saben cómo venderse. Puedes tener un currículum excelente, pero si no sabes expresar tu talento o diseñar un buen perfil en LinkedIn, te resultará difícil destacar.

Por esto, me pareció importante tratar este ámbito desde mi perspectiva, como alguien que se ha hecho a sí mismo. Nunca he tenido un *community manager* ni una estrategia fija; siempre he sido curioso y he ido improvisando, acertando y equivocándome, hasta comprender qué tipo de contenido espera la audiencia en las redes sociales. Con humildad, quiero compartir contigo mis diecinueve años de experiencia en el mundo digital, desde que empecé con un blog en 2005. Así, me gustaría que comprendieras la importancia de construir una comunidad, disfrutando, y de aprovechar un medio, las redes sociales, que en términos económicos es prácticamente gratuito. Lo único que necesitas invertir es tiempo, y tener claro que, al estar en internet, lo estás invirtiendo en tu futuro, no perdiéndolo, aunque sea fácil distraerse.

Para los que no me conozcáis todavía, soy Josef Ajram, inversor y deportista de ultrafondo, conocido principalmente por mi trabajo como *trader* en la Bolsa y por mi enfoque en la superación de límites. A lo largo de mi carrera, he impartido cursos y he escrito libros como *¿Dónde está el límite?* (Plataforma Editorial, 2010) y *Ganar en la Bolsa es posible* (Plataforma Editorial, 2011), donde comparto mi visión sobre el *trading* y cómo aplico esta mentalidad tanto en los negocios como en el deporte. Mi filosofía combina el análisis financiero con la perseverancia que requiere el deporte de resistencia y, en este sentido, he participado en competiciones extremas como el Ultraman.

Además, he fundado varias empresas vinculadas al asesoramiento financiero y la formación en inversiones. También he construido una sólida marca personal basada en la motivación, la disciplina y el equilibrio entre la vida profesional y la personal. A través de mi presencia en las redes sociales y los medios de comunicación, trato de inspirar a otros para que alcancen sus metas, tanto en el ámbito financiero como en el deportivo.

Asimismo, he sabido combinar mi pasión por los mercados financieros con mi amor por los deportes extremos, lo que me ha llevado a crear una filosofía de vida basada en el esfuerzo, la constancia y la superación personal. Además de mi actividad profesional, he compartido mi experiencia y aprendizaje a través de varios libros que buscan ayudar a alcanzar la mejor versión de cada uno. Entre ellos, destacan *Encontrar la verdad: cómo me he convertido en mi mejor versión* (Alienta Editorial, 2022) y *El pequeño libro de la superación personal* (Alienta Editorial, 2016), en los que profundizo sobre las barreras que todos debemos derribar para lograr una verdadera libertad personal. En estas obras, invito a mis lectores a asumir la responsabilidad total de sus decisiones, reconociendo que tanto los aciertos como los errores son partes esenciales del crecimiento y la libertad. Mi enfoque no se limita sólo al ámbito profesional o deportivo, sino que ofrezco herramientas aplicables a la vida en general, mostrando que el autoconocimiento y la resiliencia son claves para enfrentar los desafíos y salir fortalecidos de ellos.

Espero que este libro te sirva, que lo disfrutes y, sobre todo, que te ayude, ya sea para iniciar tu proyecto personal o empresarial, para capitalizarlo y monetizarlo, o para cultivar esa marca personal que a veces olvidamos. Saber comunicar nuestras habilidades y virtudes es crucial en un mundo tan competitivo, donde conseguir un empleo puede depender de pequeños detalles. Mi objetivo es que, cuando esos *headhunters* que revisan cada aspecto de tu perfil se crucen contigo, vean en ti la persona adecuada para esa posición. Así que, ¡comencemos!

1

Empecemos por el principio

1.1. ¿Cómo comenzó todo?

Mi marca personal empezó el día en que nací. El nombre y el apellido de cada uno son fundamentales porque, desde el primer momento, se convierten en un factor diferenciador. Si son inusuales, difíciles de pronunciar o simplemente diferentes, pueden ser un elemento que te distinga de los demás y volverse un valor único, tanto para las personas como para empresas o clientes.

En mi caso, mi nombre y apellido, Josef Ajram, han sido una ventaja competitiva a lo largo de mi vida. Ahora bien, no siempre ha sido fácil: especialmente cuando era niño, algunos compañeros se burlaban de mí. Sin embargo, esas experiencias me enseñaron, desde muy temprano, a defenderme y a construir un personaje, una identidad propia.

Si estás pensando en crear tu marca personal, es crucial revisar tu pasado. Analiza tu infancia y adolescencia, y reflexiona sobre los momentos que te han moldeado. Por ejemplo, yo suelo contar la historia de mi experiencia en la selectividad, un episodio que, cuando lo comparto en conferencias, sigue sorprendiendo a la gente. Así pues, es importante identificar esos momentos, tanto los relevantes como los que parecen insignificantes, y darles un enfoque que fortalezca tu marca personal.

1.2. Beneficios de crear una tribu

Antes de empezar, debes plantearte algunas preguntas fundamentales: ¿por qué quieres una marca personal? ¿Qué deseas potenciar? ¿Cuál es el objetivo de tu comunicación? Si vas a invertir tiempo, recursos y esfuerzo, debes tener un propósito claro, ya sea captar clientes, vender formación o posicionarte para realizar conferencias. No todas las redes sociales son iguales, cada una demanda algo diferente según lo que busques.

Mi viaje comenzó en 2005, cuando de manera casual puse en marcha el blog <https:superateatimismo .blogspot.com>. Quería documentar mis entrenamientos para el Maratón des Sables de 2006, y pronto descubrí el poder de interactuar con mis lectores, ya que me di cuenta de que cada persona que escribe en tus redes sociales es un cliente potencial a largo plazo. Al principio, respondía a todo el mundo, pero con el tiempo he aprendido a filtrar mis respuestas. Ser atento y educado con quienes te contactan te hará crecer, y esto me sucedió con mi blog, que eventualmente evolucionó a una web mucho más completa.

Con el tiempo y la evolución de las redes sociales, dejé de usar ese medio. Luego, y gracias a los consejos de Juan Merodio, comprendí la importancia de reactivar el contenido en *newsletters* y sitios web para generar comunidad. A diferencia de una cuenta en Instagram o TikTok, una web la controlas completamente y nadie te la puede cerrar.

Para los que no lo sepáis, una *newsletter* es un boletín informativo que se envía por correo electrónico a una lista de suscriptores para compartir contenido valioso, como noticias, actualizaciones o promociones. Se trata de una herramienta de *email marketing* y se utiliza para mantener el contacto con una audiencia, fidelizar clientes y generar tráfico hacia un sitio web o negocio.

A su vez, para generar una lista de suscriptores, debes comenzar por identificar a tu público objetivo y colocar un formulario de registro en tu página web o plataformas sociales. Además, si quieres incrementar el número de suscriptores, puedes proporcionar incentivos, como ofertas especiales, difundir la *newsletter* en las redes sociales y enviar contenido relevante de forma regular para mantener su interés. También debes asegurarte de cumplir con las leyes de protección de datos, obteniendo el permiso expreso de los usuarios.

1.3. Cualquiera puede crear una tribu de seguidores

Uno de los aprendizajes más significativos, que he sacado de mi experiencia en las redes sociales, es que estas plataformas pondrán a prueba tu capacidad de soportar la crítica destructiva. Desde mis inicios, hace diecisiete años, he notado que siempre habrá alguien que entrará en tu página, te insultará y se marchará. El mayor enemigo en redes es la fragilidad de la creencia en nuestras capacidades. Si una persona te dice que haces algo mal, no importa; pero si diez personas lo hacen, puede que empieces a creerlo, aunque no sea cierto.

Por este motivo, es esencial entender cuán expuesto estás a la crítica destructiva, y tener claro que nunca debes permitir que tu rumbo cambie. Es imposible agradar a todos; siempre habrá alguien a quien no le guste lo que haces. De hecho, aproximadamente el 5 por ciento de tus seguidores estarán ahí sólo para criticarte, sin ninguna razón aparente. Esto no es fácil de manejar, pero forma parte del juego.

En definitiva, quien desee potenciar su presencia en las redes sociales debe estar preparado para todo. Afortunadamente, éstas han cambiado mucho desde los primeros días de Facebook y YouTube, y actualmente es más difícil que, con los algoritmos, un vídeo se vuelva viral con facilidad.

2

Objetivos de tu tribu

2.1. ¿A QUIÉN TE DIRIGES?

Creo que las redes sociales han cambiado drásticamente a lo largo de los años. Antes, se valoraba más la cantidad de seguidores: cuántas personas te seguían en las distintas plataformas. Ahora, la calidad ha tomado el protagonismo, especialmente lo que se conoce como *engagement* o interacción con los seguidores. La clave está en cómo cuidas a tu comunidad, le respondes y te relacionas con ella. Ya no se trata sólo de acumular seguidores, sino de crear vínculos significativos con ellos.

Dicho con otras palabras: es más importante la calidad que la cantidad. No sirve de mucho tener un millón de seguidores si, al ofrecerles un producto, nadie quiere comprarlo, porque, aunque todas estas personas te sigan, realmente no se identifican contigo. En este sentido, es preferible tener sólo cien mil seguidores, o incluso diez mil, pero que estén verdaderamente interesados en comprar lo que ofreces. Se trata de una cuestión cualitativa, no cuantitativa.

Iniciar y construir una comunidad hoy en día es muy diferente a cómo era hace diecinueve años, cuando yo empecé. La audiencia está mucho más fragmentada y existen infinitas opciones. Con la configuración actual de las redes, me parece impensable alcanzar de cero a un millón trescientos mil seguidores en Facebook, como logré en su momento. Sin embargo, el público de hoy es más educado y sabe qué buscar en cada perfil.

Entonces, ¿cómo empezar a crear una comunidad ahora? Lo primero es definir claramente tu objetivo final: ¿por qué quieres construir una comunidad? ¿Ofrecerás un servicio o un producto, o simplemente buscas darte a conocer? Debes tener muy claro cuál es el beneficio que esperas obtener a largo plazo. Un error común es intentar conseguir varios objetivos con la misma comunicación. Por el contrario, es crucial enfocarse en uno principal y luego en subobjetivos que te mantendrán motivado en el camino.

2.2. ¿CON QUÉ RECURSOS CUENTAS PARA GESTIONAR TU TRIBU?

Actualmente, creo que una de las estrategias más efectivas para convertir seguidores en ventas es generar contenido dirigido, por ejemplo, a un canal de Telegram. Esta aplicación permite reunir una audiencia realmente interesada en el contenido que compartes, creando un espacio similar a X, lo que antes era Twitter, pero más específico y controlado.

En el caso de mi canal de Telegram *AjramBolsa*, el 80 por ciento del contenido está enfocado en la Bolsa y el 20 por ciento en la motivación. Así, este canal me ofrece una cercanía que no encuentro en otras redes sociales, donde el algoritmo decide qué se muestra y qué no. Además, en Telegram, tú tienes el control completo sobre quién ve tus publicaciones, y no debes preocuparte por la privacidad, como sucede en WhatsApp, donde se comparte el número de teléfono, algo que puede ser incómodo para algunos.

También cabe señalar que hemos llegado a un punto en el que dependemos demasiado de los algoritmos de las redes sociales. En cualquiera de ellas, Facebook, Instagram, X o LinkedIn, son los algoritmos los que deciden qué contenido se muestra y, en consecuencia, esto limita nuestra capacidad de alcanzar a nuestra audiencia. Por ello, herramientas como Telegram o las *newsletters* son esenciales para mantener el control sobre la comunidad.

No obstante, si bien una *newsletter* es una gran herramienta, tiene dos limitaciones importantes: la falta de inmediatez y el riesgo de ser ignorada por la saturación de correos que recibimos a diario. Por estas razones, personalmente, prefiero Telegram. En cualquier caso, te animo a que utilices esta plataforma para crear una comunidad fiel y orgánica; o que comiences a recopilar correos para una *newsletter* sólida.

2.3. ¿QUÉ BUSCAS CONSEGUIR?

Para construir tu comunidad, debes generar contenido en otras redes sociales y dirigir a tu audiencia hacia Telegram. Por ejemplo, yo publico contenido casi a diario en Instagram, Facebook, X y LinkedIn, e invito constantemente a mis seguidores a unirse a Telegram. La clave es la constancia, incluso aunque a veces repetitivo. Recuerda que cuando publicas una historia en Instagram, sólo una pequeña fracción de tu comunidad la verá, por lo que es necesario repetir esta acción diariamente para captar su atención.

Una vez que consigas atraer a estas personas, es fundamental mantener un flujo constante de contenido. Necesitas ser persistente en tus publicaciones e interactuar con tu audiencia. En Telegram, yo permito que mis seguidores interactúen con *emojis*, de modo que expresan sus reacciones al contenido sin abrumar la conversación. Esto ayuda a crear un hábito y refuerza la sensación de que estás cerca y apoyas su crecimiento, guiándolos como líder de la comunidad que estás construyendo. Al final, lo que buscas es asumir el rol de líder de esa tribu.

3

Primeros pasos: dónde, cómo y cuándo montar tu tribu

No me di cuenta de que estaba creando una tribu hasta que, hace algunos años, alguien me dijo: «Oye, estás recogiendo los frutos de lo que has sembrado durante años y años, con el contenido en las redes sociales. De alguna manera, estás generando tu comunidad o tribu». Este comentario me hizo reflexionar y me llevó a analizar, con más detenimiento, qué había hecho para ir perfilando esta comunidad. Un conjunto de personas que, independientemente de lo que hiciera, permanecían fieles y me apoyaban con los libros, en conferencias, en eventos deportivos o en cualquier otra situación. Fue en ese momento cuando comencé a ser más consciente del impacto de lo que había estado construyendo.

Asimismo, siempre he tratado de mostrar cercanía, porque para mí es algo natural, parte de mi forma de ser, y no me supone ningún esfuerzo. Creo firmemente que, en el mundo 2.0, lo que no te sale de forma natural no tiene ninguna posibilidad de prosperar a largo plazo. Desde mis orígenes, en 2005, cuando empecé con mi blog, siempre he pensado que, si alguien se toma el tiempo de hacerme una pregunta, merece una respuesta. En algún sentido, para mí, esa persona siempre es un cliente, o un cliente potencial. Por tanto, si alguien se molesta en preguntar, y yo tengo la respuesta, lo mínimo que puedo hacer es facilitarle esa información. Se trata de un pequeño gesto que, en mi opinión, tiene un gran valor.

La verdad es que nunca he entendido a la gente que está en redes sociales, recibe preguntas y no contesta. Lógicamente, hay ocasiones en las que el volumen de comentarios es tal que es imposible atender a todos, pero creo que, en términos generales, se podría hacer mucho más de lo que realmente se hace. En mi caso, con el tiempo he logrado algo que considero muy valioso para cualquier marca personal: la creación de un público orgánico muy potente. De hecho, a través de este público, puedes crear poco a poco un núcleo de personas, consumidores o prescriptores que, el día de mañana, pueden apoyarte en la compra de tus productos o servicios. Éste es un proceso gradual, que requiere paciencia y dedicación.

En este sentido, siempre he intentado segmentar cada red social para dirigirme a un público y un tema diferente. De esta manera, busco conseguir rentabilidad, porque al final todas esas horas que se dedican a las redes sociales, a cuidar y a generar contenido deben monetizarse de alguna forma. En mi caso, he trabajado para que mi tribu se sienta atendida y satisfecha. Por tanto, es fundamental que, si inviertes tanto tiempo en crear una comunidad, luego no le ofrezcas un producto o servicio deficiente. Si lo haces, se te echarán encima, porque son los más exigentes. Al contrario, esta tribu espera la absoluta excelencia en todo lo que ofreces y no toleran decepciones, porque, en muchos casos, te tienen idealizado, y esperan lo máximo y lo mejor de ti.

Mi enfoque siempre se ha dirigido a dos sectores principales: el deporte y la Bolsa/motivación. Aunque parecen temáticas diferentes, están muy relacionadas. A través del deporte, transmito valores y experiencias, mientras que en la Bolsa y la motivación ofrezco un servicio más tangible, con referencia a la formación y al asesoramiento. Desde 2009, he centrado parte de mi trabajo en la formación bursátil, creando productos de calidad, para que mis seguidores puedan replicar mi experiencia y obtener sus propios ingresos y rentabilidad. En cuanto a la motivación, he utilizado mis libros, *El pequeño libro de la superación personal* y *Encontrar la verdad. Cómo me he convertido en mi mejor versión* (Alienta Editorial), como una herramienta para compartir los valores que el deporte me ha enseñado y para ayudar a otros a encontrar la inspiración necesaria para superar los retos diarios.

Por otro lado, el deporte me ha permitido organizar entrenamientos, compartir horas de bicicleta y de carrera a pie, y tener una cercanía especial con personas que, aunque sean muy diferentes en muchos aspectos, comparten conmigo los valores deportivos. Este vínculo se ha fortalecido con el tiempo y, en su momento, lo capitalicé bajo la marca Where is the limit?, que nació en 2009 con la idea de generar una comunidad de amantes del deporte. El propósito era que, más allá de la actividad física, estas personas tuvieran claro que las situaciones difíciles de nuestro día a día no representan nuestro límite. Esta filosofía fue especialmente relevante durante la crisis económica de hace más de una década, cuando muchos enfrentaron dificultades como el desempleo, que no debía ser visto como un límite insuperable.

Con todo, administrar una tribu no es sólo cuestión de recursos económicos, sino también de tiempo y dedicación. Personalmente, no destino grandes recursos económicos para gestionar mi comunidad, pero sí que invierto tiempo en ella y tengo una sensibilidad especial con las personas que consideran, por alguna razón, que soy importante en sus vidas. Esto conlleva una responsabilidad que no tomo a la ligera. Siempre he intentado tener paciencia, escuchar y leer el mayor número de mensajes posible, así como aportar algo útil y positivo en todas las causas que pueda. Ahora bien, aunque sé que me he dejado algunos mensajes y algunas causas por el camino, debido a su volumen, porque a veces ha sido abrumador, siempre he hecho un esfuerzo por estar presente.

El activo más valioso que se necesita para gestionar una tribu es el tiempo, pero también la paciencia y la perseverancia. Los resultados de esta gestión no se ven de inmediato; es un proceso lento que requiere constancia. No se trata de buscar atajos, sino de construir algo sólido a largo plazo. He aprendido que cualquier intento de acelerar este proceso a través de inversiones masivas para captar público inorgánico es un desgaste total. En mi caso, cometí ese error al invertir fuertemente en publicidad en YouTube y Facebook para ofrecer formación bursátil. Si bien obtuve rentabilidad, también sufrí un fuerte desgaste en mi imagen y marca personal. Cuando tratas de construir una comunidad de manera inorgánica, a través de grandes inversiones en publicidad, terminas atrayendo a personas que no han elegido seguirte de manera natural, y esto puede dañar tu relación con el resto.

Por ello, si pudiera retroceder y cambiar algo, sin duda, sería este enfoque. Hoy en día, prefiero una comunidad pequeña, orgánica, estable y fiel, que una grande, inorgánica, inestable y volátil. En este caso, menos es más. Por lo tanto, para el bien de tu producto o servicio y de tu marca personal, es mejor hacer las cosas poco a poco, construir sobre cimientos sólidos, y asegurarte de que cada paso que das contribuye a fortalecer la relación con tu tribu.

En resumen, no esperes crear una comunidad de cien mil seguidores en quince días, porque esto no funciona así. Para formarla, debes invertir tiempo diariamente durante varios meses, puesto que el secreto está en el tesón y la constancia, como con casi todo en la vida. Del mismo modo, es comparable a correr una maratón: lograrás tu objetivo, pero necesitarás entrenar progresivamente para alcanzar la forma física y la capacidad de resistencia óptimas para ello.

4

Cómo crear contenidos de valor

4.1. ¿QUÉ CONTENIDOS COMPARTES CON TU TRIBU?

Durante todos estos años, una de mis mejores características ha sido mi extrema disciplina en la publicación de contenido. Mi audiencia requiere de una presencia casi diaria, por no decir diaria, y puedo afirmar con seguridad que en estos diecinueve años, desde mis inicios en el blog, han sido contadísimos los días en que no he publicado algo en algún medio o red social. Por supuesto, hay plataformas que me atraen más que otras, según el tipo de contenido, pero esto te lo explicaré más adelante.

Para mí, es fundamental entender qué contenido es adecuado para cada plataforma, ya que es fascinante observar cómo una misma publicación puede generar respuestas muy distintas según la red social en la que se comparta. Más adelante, te mostraré ejemplos recientes y muy interesantes que ilustran cómo varía la acogida de un mismo mensaje dependiendo de la plataforma. Pero, antes, quiero contarte qué tipo de contenido publico diariamente en los diferentes canales que gestiono.

Cada mañana, mi primera acción es compartir una dosis de motivación con mis seguidores. La noche anterior, selecciono una frase inspiradora y la subo en Instagram, en el muro de *@ajrambolsa_gentesinlimites*. Esa misma frase también la publico en el canal de Telegram *AjramBolsa*, en LinkedIn (aunque algunas veces omito aquellas que considero menos adecuadas para esa audiencia), y en Facebook. En X, la comparto aproximadamente el 50 por ciento de las veces, ya que allí el público parece menos receptivo a mensajes motivacionales intensos, y quizá prefiere un enfoque más moderado.

Además, utilizo una red social relativamente nueva llamada Threads, creada por Meta, que es similar a X, pero con un ambiente diferente y más permisivo en cuanto a la frecuencia de publicación. Curiosamente, en mi cuenta personal de Instagram, *@josefajram*, evito subir este tipo de contenido para no afectar el alcance de mis publicaciones, especialmente porque en las fotos éste es limitado en la actualidad. En cambio, he empezado a compartir la frase motivacional del día en forma de nota de voz en el canal de difusión de Instagram, lo que añade un toque de cercanía con mis seguidores. Este proceso, aunque parezca extenso, no me lleva más de tres minutos, gracias a la rutina y constancia que he desarrollado.

El objetivo de estas publicaciones no sólo es transmitir esa vertiente motivacional en las redes sociales, sino también ser un recurso para monetizar mi conocimiento en conferencias, ayudando a equipos a superar momentos de dificultad o a gestionar el éxito, lo cual es desafiante igualmente.

A lo largo del día, continúo publicando contenido relevante sobre la actualidad bursátil en el canal de Telegram *AjramBolsa*. Aquí, los seguidores, que son potenciales clientes de mis formaciones, reciben una selección cuidadosa de las noticias más importantes para seguir informados sobre el mercado. Éste es un aspecto clave, ya que una de las mayores dificultades al operar en Bolsa es saber qué noticias son realmente relevantes.

En promedio, publico entre dos y seis *posts* diarios en el canal de Telegram, aunque ocasionalmente pueden ser más. Asimismo, mi equipo prepara una *newsletter* diaria que utilizamos para incrementar la comunidad en este medio. Después de la publicación motivacional, comparto esta misma *newsletter* en LinkedIn, X y Facebook, incluyendo un enlace al canal de Telegram para que los interesados puedan suscribirse y recibir información diaria de manera gratuita.

Este enfoque constante y variado en la generación

de contenido tiene como objetivo mostrar nuestra cualificación y conocimientos, con la intención de que, en el futuro, pueda ofrecer servicios como la formación bursátil. Así pues, la publicación diaria de contenido relacionado con temas de actualidad me permite adaptar el mensaje según la red social, lo que resulta en diferentes niveles de impacto.

Por ejemplo, en LinkedIn, suelo enfocar los mensajes hacia el trabajo en equipo y la superación, mientras que en Instagram adapto ese mismo contenido al formato de *reels*, aunque no siempre se obtiene el mismo impacto.

Por su parte, X es una plataforma donde me resulta más difícil viralizar vídeos y, en cambio, los textos funcionan mejor. A continuación, te mostraré un caso reciente y muy impactante, en el que se aprecia cómo un mismo recurso tiene resultados muy diferentes en distintas plataformas.

Se trata de un vídeo sobre un hecho histórico en el fútbol, cuando Mikel Merino, jugador de la Selección Española, marcó un gol en el mismo estadio donde su padre lo hizo treinta y tres años antes, replicando incluso la misma celebración. Este vídeo, con un enfoque adaptado a cada red social, tuvo un impacto increíblemente diverso.

En LinkedIn, una plataforma más profesional, el *post* generó una buena respuesta, con 2.559 *likes* y 59 comentarios, y fue compartido 177 veces en 36 horas, algo realmente atípico. Mi objetivo era ofrecer contenido emocional en un entorno serio, y la respuesta fue positiva.

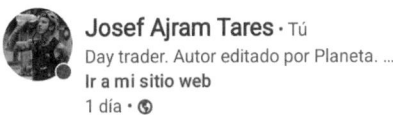

Josef Ajram Tares · Tú
Day trader. Autor editado por Planeta. ...
Ir a mi sitio web
1 día · ⊚

«Ha marcado Merino» y lo ha celebrado como su padre, en el mismo estadio, 33 años después. Épico

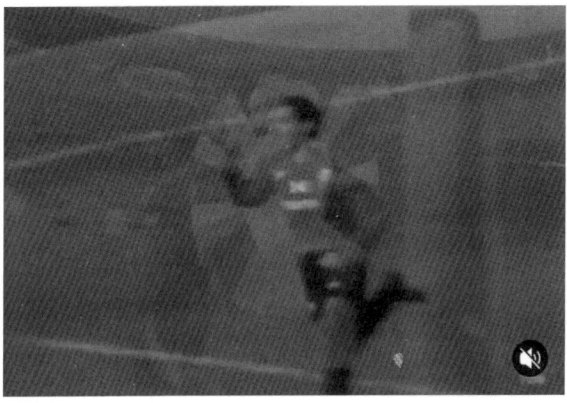

😍😯😊 2.559   59 comentarios · 177 veces compartido

Por otro lado, en Threads, una red social más reciente y con un público joven, las cifras fueron sorprendentes: 3.749.000 visualizaciones, 19.700 *likes* y 1.000 veces compartido. Esto demuestra el potencial de viralización en esta plataforma, donde el ambiente es más relajado y amigable.

En Facebook, el mismo contenido obtuvo 11.900 *likes* y 270 comentarios, y fue compartido 4.400 veces. Aunque parece mucho, es significativamente menor que el éxito en Threads, lo cual subraya la diferencia en el alcance orgánico entre ambas plataformas.

En X, donde cuento con 223.000 seguidores, el vídeo alcanzó 35.200 visualizaciones, 62 republicaciones y 476 *likes*, unas cifras discretas comparadas con las demás redes sociales.

El gran impacto lo tuvo en Instagram, con 11.400.000 visualizaciones, 633.000 *likes* y 37.000 veces guardado en 36 horas. Aquí, el contenido emocional fue clave, y la corta duración del *reel* (14 segundos) ayudó a que la mayoría de los usuarios lo viera completo, lo que es crucial para la viralización en Instagram.

«Ha marcado Merino» y lo ha celebrado como su padr...

julio 5 · Duración 0:13

11,4 mill.	633 mil	82	--	36,8 mil

Descripción ⓘ

Cuentas alcanzadas	6.089.848
Interacciones con el reel	--
Actividad en el perfil	478

Alcance ⓘ

6.089.848

Cuentas alcanzadas

1,6%
Seguidores ●

98,4%
● No seguidores

Reproducciones	11.407.802

Tiempo de reproducción	26171 h 51 min 45 s
Tiempo medio de reproducción	14 s

Interacciones con el reel ⓘ   --

Me gusta	654.139
Veces que se ha guardado	37.927
Comentarios	82
Veces que se ha compartido	--

Actividad en el perfil ⓘ   **504**

Nuevos seguidores	504

En resumen, aunque el contenido es prácticamente el mismo, su recepción varía enormemente según la red social. Mi recomendación es publicar en todas las plataformas posibles siempre que tenga sentido, ya que aumentarás tus probabilidades de éxito y fortalecerás tu marca personal. Esta constancia y orden en la publicación de contenido es lo que, a largo plazo, permite capitalizar tu presencia en las redes sociales y, eventualmente, monetizarla.

5

Signos distintivos de tu tribu

Siempre digo, medio en broma, medio en serio, que ser seguidor de Josef Ajram no es tarea fácil. ¿Por qué? Seguir a alguien como yo, que genera pasiones intensas y despierta tanto amores como desamores; que tiene seguidores leales, pero también detractores; que cae bien a muchos, pero también resulta insoportable a una minoría, no es sencillo; y defender esa lealtad a veces se vuelve difícil. Ya sea en el ámbito de la formación bursátil, en el mundo del deporte, o por opiniones políticas o prácticas dentro del mundo energético, cuesta ser seguidor de Josef Ajram.

Por eso, cada vez que alguien se atreve a abrirse y hacerlo público, me siento eternamente agradecido. Es un acto de valentía y de lealtad y, aunque no sé si llamarlo coraje, llega profundamente. Cuando me doy cuenta de ese apoyo, ya sea por una expresión, un mensaje, etcétera, siempre procuro responder. En eso soy bastante diligente: contesto al mayor número posible de personas, especialmente cuando lo que dicen es positivo y bonito.

¿Quién forma parte de mi tribu? Hace ya diecinueve años que empezó la marca personal Josef Ajram, desde aquel blog en 2005. El tiempo ha pasado para todos, la gente ha evolucionado y mi público, también. Aunque el perfil ha variado en algunos aspectos, hay algo que se mantiene constante: la mayoría de las personas que me siguen por las redes sociales, que compran mis libros, que asisten a mis conferencias y que participan en mis programas de formación bursátil son hombres. Éste ha sido siempre mi público predominante y, a su vez, podría dividirlo en dos grandes grupos.

El primer sector lo conforman los jóvenes, especialmente entre dieciséis y veintidós años, que están empezando a explorar lo que quieren hacer con sus vidas, ya sea en términos de trabajo, emprendimiento o especialización. Mi imagen, con los tatuajes y los *piercings*, parece crear una conexión cercana con ellos. Quizá me ven como alguien más accesible y real, y eso les inspira, y les hace pensar que, si este tipo con las manos tatuadas y los *piercings* en la cara ha sido capaz de alcanzar sus sueños, ellos también pueden lograrlo si se esfuerzan lo suficiente. Este grupo es dinámico y se renueva constantemente, porque esos jóvenes, con el tiempo, crecen, consiguen trabajos y tal vez dejan de seguirme. No obstante, es interesante el hecho de que ahora me encuentro con los hijos de aquellos que me seguían hace quince años. Quizá el padre que me seguía fielmente dejó de hacerlo con el tiempo, pero recuerda mi influencia y sugiere a su hijo que me siga cuando éste empieza a mostrar curiosidad por qué estudiar o qué camino tomar.

Es realmente conmovedor ver cómo estos chicos de dieciséis o diecisiete años se interesan por alguna faceta de mi trabajo, y cómo los padres se sienten satisfechos porque sus hijos encuentran en mí una fuente de motivación y orientación. Si bien en mi época la superación personal era lo que más les atraía, ahora son las finanzas, porque ven en este mundo una posible vía para ser dueños de su tiempo y generar capital. Posiblemente, la accesibilidad al mundo financiero les hace creer que así pueden alcanzar la libertad económica, algo que cada vez es más difícil de conseguir con un salario tradicional. Las redes sociales proyectan una imagen de éxito asociada a coches lujosos, viajes exóticos y un estilo de vida ideal, pero los jóvenes pronto se dan cuenta de que, con un sueldo promedio, este mundo es inalcanzable. Por esto, buscan alternativas, y sus padres les apoyan en este intento de explorar nuevas vías antes de rendirse.

Por otro lado, el otro sector que conforma mi público es más adulto. Este grupo está compuesto por personas de entre treinta y cinco y cuarenta y cinco años, en su mayoría con hijos, que sienten el peso de la carga laboral y ven cómo ésta les impide disfrutar de una vida con mayor libertad. Este perfil busca inspiración y alternativas que le permitan equilibrar mejor su vida profesional con su vida personal y sus aficiones. Para ellos, la Bolsa es una opción interesante, ya que sólo requiere de unas pocas horas al día. En mi *Club de las Dos Horas*, predicamos que quienes quieran ser inversores profesionales deben dedicarle un máximo de dos horas al día; y quienes lo vean como una forma de diversificar sus ahorros, pueden hacerlo con tan sólo quince o treinta minutos diarios. Este grupo de mi comunidad, con más experiencia y recursos, busca maneras de reorganizar su vida, inspirándose en mi trayectoria para encontrar un plan B que les dé una vida más plena.

En definitiva, éstos son, en general, los dos tipos de personas que forman mi tribu. A lo largo de los años, esta dualidad de público siempre se ha mantenido, y la verdad es que me encanta. Sobre todo, me emociona el contacto con los jóvenes, que muchas veces expresan una preocupación común: el miedo a fracasar. Ellos me han hecho ver que, en España, los jóvenes tienen miedo de fallar porque temen la reacción de sus familias. Quienes deberían ser sus mayores aliados, a veces, se convierten en su mayor fuente de presión. En estos tiempos tan exigentes, lo que más necesitan es el apoyo y la motivación de quienes les rodean, no miedo ni frustración.

En cuanto a estadísticas, Instagram muestra que el país donde viven la mayoría de mis seguidores es España, lógicamente. Las ciudades que lideran en número de seguidores son Madrid y Barcelona. Mi público es mayoritariamente masculino, con un 66,9 por ciento de hombres y un 33,1 de mujeres. La franja de edad predominante es de 35 a 44 años, que representa el 33,5 por ciento de mis seguidores. Aunque la franja de 18 a 24 años es menor, con un 13,7 por ciento, es muy activa e interactiva.

También me siento afortunado de tener seguidores que han estado conmigo durante años. Algunos siguen asistiendo a conferencias y eventos; tienen libros míos de hace diez, doce o catorce años, y probablemente también se compren este nuevo libro. A todos ellos, se lo agradezco de corazón. Es realmente bonito recibir este *feedback*, y espero seguir sumando valor en sus vidas, así como ellos lo hacen en la mía.

Por último, te aconsejo que, a medida que vayas construyendo tu comunidad, revises periódicamente quiénes son tus seguidores y qué perfil tienen. Debes conocer sus intereses, miedos, anhelos o preocupaciones, para saber cómo adaptar tus mensajes a sus necesidades y a los temas que más les gustan o interesan.

6

Cuida a los miembros de tu tribu

6.1. Crea una relación de cercanía: ¿hasta dónde quieres abrirte o exponer tu intimidad?

Desde el principio, me he abierto prácticamente en canal con mi comunidad y, en consecuencia, he mantenido una privacidad absoluta en pocas situaciones de mi vida. Siempre he querido ofrecer una visión completa de las cosas que me pasan, tanto buenas como malas, puesto que considero que no es justo mostrar exclusivamente lo positivo de una persona en las redes sociales. Así, aunque mayoritariamente he mostrado mis días buenos, que afortunadamente han sido muchos, también he compartido los malos.

Asimismo, siempre me ha llamado la atención el hecho de que la gente no reciba bien que muestres tu lado más triste o preocupado. Una de las cosas que he aprendido de las redes es que las personas buscan conectarse en un mundo que pueden considerar irreal, y quieren escuchar cosas buenas y bonitas, tal vez porque cada uno ya tiene su cuota de miserias en casa. Entonces, cuando he mostrado alguna imagen llorando, o alguna reflexión profunda y triste, he recibido bastantes críticas.

No es que me sorprenda tanto, porque tampoco esperaba que fuera diferente. En este sentido, cabe decir que, si alguien quiere mostrar su lado más pensativo o triste, no debe esperar mucha comprensión por parte de las redes sociales, porque se mostrarán duras, como siempre.

Así pues, he tratado de mantener mi vida lo más privada posible en lo que respecta a mi hija, que ha aparecido muy poco en mis redes sociales, y siempre ha decidido si quiere formar parte de ellas o no. Me ha alegrado ver cómo, con mucho criterio, ha respondido que no quiere que suba ciertas fotos. Creo que un punto muy interesante es escuchar a los más pequeños y ver si verdaderamente quieren o no ser proyectados en las redes sociales. Al final, el hecho de ser padres no nos da automáticamente el derecho de exponer a nuestros hijos.

6.2. Sé sincero

Si estás en las redes sociales, la gente te conocerá; y puede que experimentes una sensación extraña cuando te hablen de cosas, situaciones y acontecimientos de tu vida, que te harán sentir vulnerable, porque ellos tienen una información sobre ti que tú no tienes sobre ellos. En consecuencia, puedes pensar: ¿cómo sabe esta persona esto si yo no sé quién es? El hecho de ver cómo otros saben mucho más de ti de lo que tú sabes de ellos puede causarte una sensación de incomodidad e indefensión, pero a la vez estas situaciones generan empatía y cercanía, siempre y cuando se marquen límites. Además, ayudan a construir una marca personal, porque estás mostrando que eres real, con altibajos y emociones. Desde el punto de vista de la proyección, creo que es verdaderamente positivo y que suma.

También es importante que seas auténtico, y que no intentes agradar a todo el mundo. Habrá gente a la que le guste tu manera de ser, y otros a los que no, y no dudarán en expresarlo. Pero esto no debe alterar tu camino ni causarte incomodidad, sino que debes actuar con toda tu autenticidad, lo que te ayudará a construir una tribu más fiel y empática, que se identificará con tu afición, profesión o estética. Ante todo, la sinceridad es fundamental, y también es necesario trazar una hoja de ruta y seguirla. Si no lo haces, si no eres tú mismo, tarde o temprano tu proyecto se derrumbará. Por el contrario, cambiar bruscamente la estrategia o la comunicación puede generar dudas y poca empatía, y no gustar nada. Por todas estas razones, sé auténtico y no des bandazos ni maniobres, porque puede perjudicar tu reputación, y esto nunca está bien valorado.

Por ejemplo, yo corro con un calzado muy específico, con *drop* cero, que se caracteriza por una pisada natural, y me patrocina Altra. Si ahora una marca con una pisada totalmente diferente me ofreciera un patrocinio, ya fuera con Altra, Five Fingers o Merrell, aceptarlo no tendría sentido desde el punto de vista reputacional y de marca personal, después de tantos años corriendo con este tipo de calzado. Se notaría claramente que estoy dando un tumbo, simplemente por un beneficio a corto plazo, que no tiene recorrido a medio plazo. Por esto, siempre he sido partidario de aceptar sólo patrocinios de productos que yo mismo compraría. En cambio, si no me lo compraría, es imposible que pueda defender ese producto ante terceros.

Otro ejemplo es de hace unos años, cuando una chica me ofreció American Express en el aeropuerto. Yo ya era cliente desde hacía veintiún o veintidós años, y le pregunté si ella, a título personal, tenía esa tarjeta. Me dijo que no, y le respondí: «Entonces, ¿cómo puedes venderme algo en lo que no confías?».

En definitiva, considero que, si no comprarías ese producto o marca, si no tomarías ese suplemento o no usarías esa bicicleta, es muy difícil ser un buen prescriptor, por no hablar de cuando se trata de tu propio servicio o producto. Así pues, si no confiara en mi método de Bolsa, sería absolutamente imposible que pudiera formar a la gente, como lo he hecho durante más de quince años y con más de 9.000 alumnos. Hay que ser sincero y creer en el mensaje que se está proyectando, porque eso garantiza un mensaje sólido y duradero.

6.3. ESCUCHA A TU AUDIENCIA

Otro aspecto fundamental es escuchar a tu audiencia, no tanto para cambiar tu estrategia o puntos de vista, sino para entender qué necesitan realmente tus seguidores. A veces pensamos que nuestra comunidad tiene unas necesidades muy concretas, y resulta que busca algo diferente. En la formación bursátil, por ejemplo, empecé con una charla para hablar de Bolsa que convoqué a través de mi blog. La crisis del Lehman Brothers había generado preocupación, incluso en personas que no tenían grandes inversiones. Hice la charla en el bar de un amigo y asistieron cien personas. A partir de ahí, creé un curso básico sobre Bolsa, que fue creciendo a medida que escuchaba las necesidades de mi audiencia. Ese curso inicial se ha convertido ahora en una formación bursátil que dura hasta cincuenta y dos semanas, con mi acompañamiento y el de mi equipo durante casi un año, para resolver cualquier duda que los alumnos puedan tener.

Gracias al hecho de escuchar a las personas que consumen nuestros productos o servicios, entendemos sus necesidades reales y podemos expandirlas de manera lógica y ordenada, asegurando un retorno. El contacto personal y presencial ayuda mucho a que estas situaciones tengan un mayor impacto y permite conocer las necesidades con mayor claridad. También es posible establecer el contacto de manera *online*, pero recomendaría organizar reuniones por Zoom o Google Meets para interactuar de una manera más cercana y profunda, y así escuchar ampliamente a la audiencia. Este punto es muy interesante y puede ser muy efectivo.

6.4. Cumple tus promesas

Como he mencionado antes, cambiar los planes puede tener un fuerte coste reputacional. Aunque, en general, la audiencia no espera grandes cosas, es un problema cuando incorporamos elementos que luego son difíciles de mantener. A nadie le gusta que le den algo y luego se lo quiten, aunque al principio no estuviera incluido en el servicio.

Éste fue mi caso: con la intención de ofrecer cada vez más a nuestros alumnos, llegó un punto en el que nos dimos cuenta de que era demasiado y tuvimos que dar marcha atrás. Aunque el alumno no aprovechara esos elementos adicionales, lo percibió como algo que le quitábamos. Por esto, hay que ser muy cuidadoso al dar y calcular bien qué se puede cumplir de manera regular. En estos quince años de formación bursátil, he aprendido que más no siempre es mejor. Debemos hacer que los alumnos tengan tiempo y que no sientan que están perdiendo oportunidades. Así, todos estarán satisfechos y sentirán que aprovechan los recursos al máximo.

Además, la periodicidad y la atención deben ser totales. Tanto mi equipo como yo intentamos estar muy atentos a las preguntas que nos llegan a través de las diferentes redes y medios, porque consideramos que cada una de esas personas es un potencial cliente. Creemos firmemente que una pregunta formulada y no contestada es una oportunidad perdida. Es como si alguien entrara en una tienda en el paseo de Gracia de Barcelona y el dependiente lo ignorara. Esta acción tiene un impacto muy negativo en la marca. Por ello, somos conscientes del alto nivel de excelencia que se espera de una marca personal en las redes sociales ahora, y de que las quejas pueden ser muy ruidosas. Por este motivo, la agilidad y la atención en las respuestas deben ser prioritarias y de gran calidad.

7

Cuando tu tribu es tu cliente

7.1. ¿Cuál es el mejor momento para empezar a vender?

En 2005, cuando puse en marcha mi blog, comencé a darme cuenta del poder de influencia que podía tener. Fue entonces cuando noté que quienes lo visitaban regularmente no sólo estaban interesados en mi opinión, sino que realmente querían saber cómo funcionaban ciertos productos, sobre todo del ámbito deportivo. Durante esos años, entre 2005 y 2008, empecé a comprender el poder del *influencer* y de la prescripción, al observar que se estaba gestando un nuevo método de venta y publicidad para las marcas.

Este método, que surgía de manera natural, se fortalecía con la constancia en las publicaciones sobre las diferencias entre productos y la mejora continua de los mismos. Fue en esos años cuando nació lo que hoy en día conocemos como el poder de prescripción de los líderes de opinión. Posteriormente, y gracias a mi perseverancia durante esos años iniciales en el mundo de los blogs y las páginas web, tuve la capacidad de convocar mi primera charla de Bolsa para mis seguidores en 2009. Las personas que asistieron estaban interesadas en comprender cómo evolucionaba, en ese año, la crisis financiera global de Lehman Brothers y de Bear Stearns, y cómo podría afectar su vida diaria y sus ahorros.

Recuerdo que esa preocupación me la transmitió mi madre, que trabajaba como pediatra en un ambulatorio de Sant Adrià de Besòs, una población cercana a Barcelona. Me llamó la atención que sus pacientes estuvieran tan preocupadas, y eso me llevó a convocar una charla de Bolsa a través del blog, a la que acudieron cien personas. A partir de ahí, comencé a desarrollar la formación bursátil, y ya lleva quince años en marcha.

El primer curso, que en ese entonces era simplemente eso, un curso, ha evolucionado hasta convertirse en una formación completa y estructurada, gracias a la calidad y la profundidad del contenido. Fue en 2009 cuando se dio esa primera formación, que surgió de manera totalmente orgánica. El público era gente que me seguía, interesada en saber un poco más sobre la Bolsa, profundizar en sus conocimientos, o al menos comprender de qué se trataba, y evaluar si realmente querían conocer más. Algunas de las preguntas que se hacían eran: ¿cuándo vender? o ¿cuál es el mejor momento para hacerlo? Ahora mismo, creo que hemos llegado a una fase en la que todo el crecimiento de la publicidad ya está agotado.

Es cierto que, durante un par de años, aprovechando el confinamiento y el gran auge de la formación en línea, obtuve mucho beneficio gracias al gran número de alumnos que se inscribieron. Supimos aprovechar un nicho que no había sido explotado: el mercado *online* en el ámbito bursátil. Todo esto condujo a incrementar la oferta de profesionales que ofrecían formación en todo tipo de temas. Sin embargo, hoy en día, sin una base orgánica, es decir, sin un trabajo diario constante, sin una base de seguidores fieles, es imposible sostenerse.

7.2. Convierte al miembro de tu tribu en comprador

Entonces, ¿cuándo es el momento de empezar a vender? Ahora mismo, sólo contemplaría vender si fuera alguien que ha trabajado su marca personal, que ha construido una base de seguidores y potenciales clientes de manera muy sólida y que ha demostrado tener la capacidad de dominar una materia concreta. En resumen, ahora es necesario invertir meses en crear esa comunidad fiel y afín a tus ideas y, para ello, hay que dedicar tiempo y, sobre todo, tener mucha constancia.

Si alguien siente curiosidad por saber cómo es este proceso, le invito a unirse a nuestro grupo de Telegram, *AjramBolsa*, donde publicamos diariamente temarios sobre Bolsa y mostramos cómo interactuamos. Ofrecemos a nuestros seguidores la oportunidad de que se formen, y les demostramos que sabemos de lo que hablamos y que somos las personas indicadas para que desarrollen su conocimiento bursátil con nosotros. Por otro lado, ahora mismo hago unos cuatro lanzamientos de cursos de formación bursátil al año, todos ellos de manera orgánica, sin publicidad. En este sentido, he aprendido que cada vez que publico alguna novedad estoy plantando una semilla en una persona que quizá no sea un comprador inmediato, pero que puede llegar a serlo en el futuro, cuando encuentre su momento ideal para invertir tiempo y dinero. Además, es fundamental entender que la tasa de conversión es baja, ya que no podemos esperar que un gran porcentaje de nuestra comunidad nos compre de golpe, sino que lo harán gradualmente a medida que pase el tiempo, y siempre que mostremos, como he dicho antes, conocimiento, cercanía y accesibilidad.

7.3. Vende con honestidad y sé transparente

Para transmitir confianza y generar un ambiente positivo y empático en tu tribu, es esencial ser honesto. De hecho, quien compra de manera orgánica lo hace porque verdaderamente confía en ti y espera que lo que le transmites sea lo que recibirá. Nadie quiere ser engañado y posiblemente ya esté cansado de escuchar promesas vacías de vendedores en internet, e incluso de haber probado experiencias que no le han aportado nada. Por esto, debes tener una sensibilidad especial con los miembros de tu tribu que van a comprarte. La honestidad y la transparencia son fundamentales: lo que prometes debe cumplirse, y el servicio que ofreces debe corresponderse exactamente con la realidad. De lo contrario, no sólo dañarás tu imagen de marca, sino que puedes hacer que ese grupo de seguidores fieles se desvanezca e incluso se convierta en tus mayores detractores. La decepción puede ser tan grande que les cause un daño profundo, como una herida. Recuerda que para ellos eres una persona importante y no contemplan sentirse decepcionados por ti. En definitiva, debes tener la máxima sensibilidad y, sobre todo, ser muy transparente y fiel.

7.4. Premia su fidelidad con recompensas

Otro punto clave que debes valorar es ofrecer recompensas. En nuestro equipo, por ejemplo, damos a nuestros seguidores más fieles lo que llamamos el *early bird*. En cada lanzamiento, abrimos una ventana en la que los miembros más atentos de la tribu, aquellos que siempre están dispuestos a interactuar o a comprar, tienen ventajas especiales.

En nuestra última formación, el *early bird* incluyó la participación en dos eventos presenciales al pagar el precio de la formación. De este modo, estás ofreciendo constantemente a tus seguidores más fieles, aquellos que te han seguido de manera orgánica, la posibilidad de tener ventajas y facilidades, lo cual siempre es bien recibido. Además, esto crea empatía y hace que se sientan valorados y recompensados por el esfuerzo de estar atentos a tus publicaciones continuamente. Nosotros lo materializamos con el *early bird*, una acción que funciona muy bien y que generalmente lanzamos un mes o tres semanas antes de la formación, ayudándonos a tener una base de alumnos antes de iniciar el proceso de venta.

7.5. Crea sinergias con empresas o vendedores afines a cuyo público quieras acceder

En cuanto a la creación de sinergias, en mi caso, más bien intento generar movimientos de diferentes ofertas dentro de varias comunidades. Por ejemplo, muchos miembros de mi comunidad de Bolsa también se sienten atraídos por la posibilidad de participar en sesiones de Kundalini Activation Process (KAP), porque confían en mí y creen que, si yo practico KAP y tengo un crecimiento personal y espiritual, esto también será beneficioso para ellos. Además, muchos de los que practican estas sesiones espirituales también buscan libertad económica, diversificar sus ahorros o generar ingresos extra, y esperan que mi formación bursátil les ayude a lograrlo.

Por eso, es fundamental que la transparencia y el servicio sean excelentes en todos los ámbitos. Cualquier fallo en estos aspectos podría ser crítico para la marca personal y el desarrollo de la tribu. Creo firmemente en estas ventas cruzadas, aprovechando una vía para atraer a los seguidores hacia otra, siempre ofreciendo una experiencia personal satisfactoria. De hecho, en la mayoría de los casos, por no decir en todos, cuando se llevan a cabo estas ventas cruzadas, la satisfacción es absoluta.

8

Errores al gestionar tu tribu

8.1. No cumplir con la periodicidad o desaparecer sin justificación

Gestionar una comunidad es un desafío que requiere tener una constancia y disciplina extraordinarias, y ser meticuloso con el contenido, constante en las publicaciones y atento con las interacciones. Puesto que es un proyecto a largo plazo y los resultados pueden tardar en llegar, es común que la impaciencia lleve a algunos a rendirse. Sin embargo, para tener éxito, debes ser perseverante, contar con una hoja de ruta bien definida y comprender lo que cada red social demanda, no sólo en términos de publicaciones, sino también en el tono y la forma de comunicar.

El objetivo es construir una comunidad paso a paso, generando lentamente esa conexión que pueda traducirse en retornos a medio plazo, tanto en ingresos como en recompensas por el tiempo invertido. Nuestra tribu nos quiere activos, lo que significa que no podemos desaparecer sin motivo. Por esto, hay que mantener una periodicidad en las publicaciones, al menos tres veces por semana. En cambio, una ausencia prolongada sin explicación puede perjudicarnos, así que, si decidimos tomarnos un descanso, recomiendo comunicarlo para evitar esa sensación de dependencia que surge a veces.

8.2. No tratarla con respeto y cercanía

Siempre he dicho que en las redes sociales tienes tantos jefes como seguidores, ya que todos esperan lo mejor de ti. Si deseas construir una marca personal, es imperativo no subestimar a tu audiencia. Cada seguidor es un cliente potencial y, si no lo tratas bien, su insatisfacción puede viralizarse, especialmente si tu comunidad es grande. En el caso de que los comentarios negativos te molesten demasiado, siempre existe la opción de bloquear a las personas tóxicas, pero debes evitar caer en el juego de las críticas o el desprecio, ya que sólo te traerán problemas.

Así, lo ideal es que la gente perciba tu cercanía y que te vea como alguien accesible y genuino, lo cual despierte su curiosidad por conocerte mejor. Sin embargo, si no te sientes cómodo siendo cercano, debido a tu carácter o preferencias, una alternativa es adoptar una postura neutral. En todo caso, debes evitar ser despectivo, porque el odio no te llevará a nada bueno. He bloqueado a cientos de personas y, aunque no es algo que me agrade, forma parte de las reglas del juego. No tienes que tolerar el desprecio de nadie ni conformarte con él; debes mantener tu integridad personal y sentirte respetado en el espacio que has creado. Por el contrario, si no se te brinda el respeto que mereces, a pesar del esfuerzo y el tiempo que dedicas a tu contenido, no dudes en bloquear a quienes no contribuyen positivamente. El respeto es un mínimo indispensable para que tu presencia en ese espacio tenga valor y significado.

8.3. Cambiar el tono repentinamente

Otra recomendación es establecer una línea de comunicación clara y coherente sobre lo que haces. Debes apegarte a tu discurso y ser constante, ya que es fundamental que te sientas cómodo con tus posiciones y aficiones. Si recomiendas ciertas marcas, tu audiencia debe tener una idea clara de tus preferencias y perspectivas.

Además, debes evitar los cambios en tu enfoque. La gente necesita saber quién eres, qué haces y por qué lo haces, ya que busca tu orientación y confía en ti. Ser un buen prescriptor y tener la capacidad de guiar a tu tribu, así como contar con honestidad, transparencia y objetividad, son aspectos clave para construir una relación sólida con tu audiencia.

8.4. Hacer acciones y estrategias que vayan contra tu público fidelizado

Tu comunidad debe sentirse valorada y atendida en todo momento, y además debes asegurarte de que los miembros leales no crean que los nuevos reciben beneficios que ellos no tienen. Por ejemplo, imagínate que una compañía telefónica ofrece grandes descuentos a nuevos clientes, mientras que aquellos que han sido fieles durante años no obtienen ninguna ventaja.

Por tanto, estos seguidores leales, que han sido parte de tu crecimiento y evolución, también tienen que beneficiarse de incentivos y recompensas, así como hay que reconocerles su importancia y ofrecerles algún tipo de deferencia. Esto fortalecerá su sentido de pertenencia y les demostrará que valoras su apoyo continuo.

8.5. Recurrir a la compra de *bots* o a la estrategia *follow-unfollow*

En cuanto a la compra de seguidores, este método es una solución temporal que no produce beneficios duraderos. Las marcas ya no se enfocan tanto en la cantidad de personas que te siguen, sino en cómo se relacionan con tu contenido. La verdadera valoración se basa en el nivel de *engagement*, es decir, en cómo tus seguidores interactúan y si recibes comentarios en tus publicaciones. Además, existen herramientas que calculan fácilmente el número de seguidores que no son reales. También te recomiendo evitar caer en la tentación de usar estrategias poco éticas como el *follow-unfollow*, porque sólo dañan tu credibilidad.

Así pues, tanto comprar seguidores inactivos como emplear estrategias deshonestas sólo disminuye el *engagement* y perjudica gravemente tu reputación. El crecimiento debe ser orgánico y basarse en contenido de calidad y en la constancia. Cualquier atajo es, como se dice, pan para hoy y hambre para mañana.

Por otro lado, la era de obsesionarse únicamente con la cantidad de seguidores ya ha quedado atrás para las marcas, por lo que no hay ninguna razón para actuar de esta forma. En cambio, prioriza ser leal y mantener tu dignidad en este aspecto.

8.6. Meterte en cuestiones polémicas

Si decides abordar temas delicados, como la política, la religión o el fútbol, ten en cuenta que esto puede polarizar a tu audiencia. Aunque puede atraer a quienes compartan tu visión, también alejará a quienes no estén de acuerdo. No obstante, recuperar su confianza puede ser difícil, si no imposible. Por tanto, posicionarte públicamente en ciertos temas puede tener un costo elevado, así que debes evaluar los pros y los contras antes de hacerlo y estar preparado para atraer apoyo, pero también perderlo.

En mi caso, durante los años 2017, 2018 y 2019, cuando adopté una postura claramente en contra de la independencia de Cataluña, muchos de mis seguidores que apoyaban esa causa dejaron de ser mis clientes. Aunque me habían seguido lealmente durante mucho tiempo, se sintieron tan contrariados que se alejaron. En retrospectiva, entiendo por qué sucedió: expresar públicamente una postura fuerte sobre un tema puede provocar una reacción intensa.

Como decía, esta pérdida no se soluciona rápidamente; puede tener un impacto duradero y significativo en tu reputación. Sin embargo, al final lo más importante es que te sientas íntegro con las decisiones que tomas y cómo te presentas ante tu tribu.

8.7. No monitorizar las acciones

No monitorizar las acciones en la gestión de una comunidad o en la administración de las redes sociales puede tener un impacto negativo considerable. La falta de un seguimiento constante impide una evaluación efectiva del rendimiento de tus estrategias y la conexión con tu audiencia, lo que puede conllevar problemas importantes.

Por tanto, sin una monitorización adecuada, es difícil determinar qué publicaciones están generando interés y cuáles están fallando. Con este desconocimiento, puede que publiques contenido que no resuene con tu audiencia, lo que reduce el *engagement* y la lealtad de tus seguidores. La falta de análisis de tus publicaciones también puede resultar en una pérdida de oportunidades, por lo que es necesario optimizar y adaptar el contenido sabiendo las preferencias y necesidades de tu comunidad.

Además, no monitorear las interacciones y el *feedback* puede ocultar señales de advertencia. En este sentido, los comentarios negativos, la disminución de la participación o los cambios en el comportamiento de los seguidores podrían pasar desapercibidos, y con el tiempo convertirse en problemas significativos. Por ejemplo, si se reduce la interacción o aumentan las quejas puede ser un indicio de que algo no está funcionando bien y debe ser ajustado.

La monitorización también es crucial para mantener una comunicación efectiva y constante con tu tribu. Sin seguimiento, podrías perder el contacto con tus seguidores, lo que puede percibirse como abandono y, en consecuencia, disminuir su lealtad. Debes estar al tanto de la periodicidad y la calidad de tus publicaciones para asegurarte de que tu comunidad se sienta valorada.

En conclusión, no monitorizar las acciones puede provocar una desconexión con tu audiencia, una reducción en la eficacia de tus estrategias y la incapacidad para detectar y corregir problemas a tiempo. En cambio, para construir y mantener una comunidad sólida y comprometida, cabe establecer un sistema de seguimiento y análisis que te permita evaluar continuamente el impacto de tus actividades y tomar decisiones basadas en datos concretos.

9

Combate a las hordas de *haters*

9.1. GESTIONAR A QUIEN TE ODIA ES FÁCIL SI SABES CÓMO

Desde siempre, me ha fascinado el rol de los *haters*: cómo algunas personas dedican tanto tiempo a intentar destruir lo que haces, te toman como objetivo, te siguen de cerca y esperan cualquier oportunidad para descalificarte.

Personalmente, he lidiado con *haters* desde 2005, cuando tenía el blog y ya había quienes manifestaban su desacuerdo con mis opiniones. De hecho, esto nunca ha sido un problema para mí, siempre y cuando se haga de manera constructiva y respetuosa. Sin embargo, no entiendo la necesidad de algunos de simplemente querer hacer daño, machando y destruyendo, sin considerar que detrás de la pantalla hay un ser humano con vulnerabilidades.

Por tanto, si quieres tener una marca personal, debes aprender a lidiar con los *haters* y aceptar que habrá un porcentaje de personas que te odiarán, por razones que ni siquiera ellas comprenden del todo, y sin importar lo que hagas o digas. Hace tiempo, traté de cuantificar cuántos *haters* podría tener, y descubrí que eran alrededor del 5 por ciento de las personas que interactúan conmigo. Esto significa que, si tu comunidad es de mil personas, podrías tener unos cincuenta *haters*; y si es de dos millones de seguidores, ¡podrías contar con hasta cien mil *haters*! Así que, cuanto más grande es tu audiencia, más complicado se vuelve todo.

Ahora bien, la pregunta es: ¿realmente estamos preparados para enfrentar la crítica destructiva, ya sea hacia nosotros mismos o hacia nuestro negocio? Quizá pienses que sí, pero es difícil saberlo hasta que te encuentras en esa situación. Para ilustrarlo, te cuento una experiencia personal. Hace unos años, un amigo que dirige un centro de *crossfit* me invitó a entrenar y, al final, me sugirió hacer un vídeo promocional. Le advertí que probablemente habría críticas, pero él no le dio importancia, confiado en que habíamos hecho un buen entrenamiento. Grabamos un vídeo muy chulo para Instagram, que es una de las redes sociales menos propensas a los *haters*, más *friendly*, digamos. Al día siguiente, cuando fui a entrenar, me comentó sorprendido que habíamos recibido críticas. Revisé el *post* y le señalé que, de 87.000 visualizaciones y 3.500 *likes*, sólo había tres comentarios negativos. Éste es un gran ejemplo de cómo tendemos a enfocarnos en lo negativo, ignorando el panorama general. Este amigo, a quien considero una persona muy equilibrada psicológicamente y con mucha confianza en sí mismo, estaba indignado porque tres personas nos habían criticado, de las 87.000 que habían visto el vídeo.

9.2. Consejos para lidiar con los *haters*

El ejemplo del apartado anterior nos muestra cómo las críticas pueden afectarnos, cómo solemos quedarnos siempre con lo negativo, y cómo generalmente no tenemos la capacidad de ampliar el *zoom* y no enfocarnos exclusivamente en lo negativo. En estas situaciones, si no es un comentario constructivo que aporte algo valioso, es mejor no responder, bloquear al *hater* y borrar el comentario, o simplemente ignorarlo.

El peligro de las redes sociales es que, si te repiten muchas veces algo negativo, puedes llegar a creerlo, lo cual puede ser muy dañino para tu autoestima y tu negocio. No se debería dar el mismo peso a la opinión de un desconocido que a la de alguien cercano y con criterio, pero, lamentablemente, en términos generales, se les da igual ponderación a ambos. No obstante, si no estás preparado para asumir las críticas, tal vez sea mejor no exponerte, porque dudar de tu talento y cambiar tu estrategia sólo para agradar a todo el mundo es una receta segura para el fracaso. Si cambiamos el rumbo o la hoja de ruta de nuestro negocio, estrategia o producto, sólo para complacer a la gente, estamos asegurando pérdidas.

Así pues, debes comunicarte con integridad, tener claro quién eres y qué haces, y no intentar complacer a todos. De lo contrario, podrías diluir tu mensaje y alienar a tu audiencia más fiel.

No sabemos cómo evolucionarán las redes sociales o qué consecuencias tendrán en el futuro, pero lo que sí podemos hacer es ser conscientes de cómo nos afectan hoy. Si sientes que no es tu espacio, que las críticas te perjudican demasiado o que no estás cómodo con lo que haces, es mejor desconectar y vivir en paz. La desconexión de las redes puede traer tranquilidad y evitar la tensión constante.

9.3. CUIDA LOS MENSAJES PARA NO HACER ENFADAR A TU PÚBLICO FIDELIZADO

También cabe considerar que el trato con el cliente debe ser impecable en esta era de las redes sociales. Antes, si alguien quedaba insatisfecho, se quejaba en privado; ahora, puede hacerlo de manera pública y viral. Esto es especialmente crítico en sectores como la restauración o el turismo, donde las opiniones en plataformas como Google Reviews o Booking pueden tener un gran impacto. Por eso, debes ser extremadamente cuidadoso y asegurarte de ofrecer siempre excelencia, evitando mediocridades que puedan amplificar problemas en el ámbito *online*.

Cuidar los mensajes que transmites es fundamental para mantener a tu público fidelizado, ya que, en un entorno donde la competencia es feroz y las opiniones se viralizan en segundos, cada palabra cuenta. Tu público fiel ha decidido seguirte porque se identifica con tu voz, tus valores y tu visión; no sólo aprecia lo que dices, sino cómo lo dices. En cambio, un mensaje mal planteado o fuera de tono puede romper esa confianza, y reconquistarla puede ser un desafío mayor de lo que parece. Por esto, es crucial tener claro quién es tu audiencia y qué espera de ti, para no traicionar esa relación de confianza.

Ahora bien, esto no significa que debas evitar expresar opiniones o ideas controvertidas, o hablar de temas difíciles y, por contra, que debas ser neutral en todo momento. Simplemente, tienes que ser coherente y respetuoso con tus seguidores, especialmente con aquellos que te han apoyado a lo largo del tiempo, y mostrar empatía y consideración hacia ellos. La autenticidad es clave para mantener a tu público fidelizado. Por todos estos motivos, te recomiendo que antes de compartir un mensaje te preguntes: ¿esto aporta valor a mi audiencia? ¿Cómo podría ser recibido? ¿Estoy siendo fiel a los principios que me han permitido construir esta comunidad?

Recuerda que en la era digital cada palabra que publiques tiene el potencial de alcanzar a miles, si no millones, de personas. Un solo comentario malinterpretado puede causar malestar o incluso una reacción negativa masiva. Mantén un tono constante con el que todo el mundo se sienta cómodo y evita caer en provocaciones o mensajes que puedan ser percibidos como ofensivos o irrespetuosos.

En el caso de que surjan críticas o malentendidos, debes responder con calma y claridad, y no dejar que la situación se descontrole. Escuchar a tu audiencia, aceptar la retroalimentación y, si es necesario, disculparse, es fundamental para reparar y fortalecer la relación con tu comunidad.

En resumen, cuidar tus mensajes no significa ser complaciente, sino ser consciente de la responsabilidad que tienes al tratar con gente que confía en ti. El éxito está en ser auténtico y deferente, y en mantener siempre una comunicación que refuerce la fidelidad y el respeto mutuo entre tú y tus seguidores.

10

Evoluciona con tu tribu

10.1. ADAPTACIÓN A LOS CAMBIOS EN EL MERCADO

El mundo digital puede resultar agotador, no lo voy a negar, porque genera la sensación de que lo que haces nunca es suficiente. Además, está en cambio constante: surgen nuevas propuestas, plataformas y herramientas que te obligan a mantenerte alerta. Siempre hay una nueva vía de comunicación o una forma de conectar con tu comunidad que podría ser revolucionaria. Personalmente, esto me lleva a estar en una búsqueda continua de nuevas opciones que me permitan estar al día con lo que mi comunidad pueda preferir.

Por ejemplo, recientemente he probado dos alternativas: la red social Threads, que se asemeja a un X de Facebook en cuanto al formato, aunque no es exactamente lo mismo; y los canales de difusión de Instagram, que han sido una gran sorpresa, ya que el *enga-*

gement que generan es sorprendentemente alto. Esto se debe a que, quienes deciden unirse a un canal de difusión, reciben los mensajes directamente, como en una bandeja de entrada del correo electrónico. En consecuencia, las probabilidades de que el seguidor lea el mensaje aumentan significativamente, lo que implica un alto nivel de interacción. Con todo, es un proceso de prueba y error: probar, evaluar si funciona, considerar el tiempo invertido y medir si contribuye a tus objetivos. Si no hay retorno, no tiene sentido continuar invirtiendo esfuerzo en esa plataforma o herramienta.

En definitiva, no se trata de reeducar a toda tu comunidad para que se mude a un nuevo canal, sino de probar y aprovechar las plataformas donde ellos ya están presentes.

10.2. Incorporación de nuevas tecnologías

Sin duda, las nuevas tecnologías han revolucionado la manera de conectar con tu tribu, y han brindado una ventana a un mundo lleno de oportunidades increíbles, tanto de negocio como de comunicación cercana, a los creadores de contenido.

En este sentido, leía hace poco que OnlyFans, una de las plataformas en las que no participo, cuenta con 4,1 millones de creadores, en su mayoría mujeres, y se produce contenido para 305 millones de usuarios de pago. Esto ilustra la magnitud de las oportunidades que ofrecen estas nuevas tecnologías y plataformas.

Después de todo, la cuestión está en si prefieres generar ingresos directamente a través de suscripciones, como permite Instagram con su opción de «Suscripción a contenido exclusivo», o si decides prescindir de esta fuente de ingresos y buscar beneficios a través de servicios o productos derivados.

En mi caso, el objetivo de cuidar mi marca y de aportar contenido de calidad recae en que, si algún día alguien está interesado en realizar una formación sobre Bolsa, asistir a una sesión de KAP, participar en un retiro de hombre holístico con Isra García, contactarme para una conferencia o comprar uno de mis libros, el trabajo que he invertido en cultivar mi comunidad y mis redes sociales, pueda ser un factor decisivo. Sin embargo, muchas personas optan por el modelo de suscripción como una vía para generar ingresos directos.

Como ya hemos mencionado, uno de los mayores retos, y de los más complicados, es no dejar que la crítica destructiva te afecte, aunque no estamos preparados para enfrentarnos a este tipo de situaciones. A pesar de que algunos digan que no les importa, personalmente pienso que recibir insultos o faltas de respeto afecta de alguna forma u otra. No es algo agradable, pero forma parte del *juego*. De hecho, a lo largo de la historia, siempre ha existido el chisme y la crítica; sólo que ahora lo vivimos de manera más directa y es más visible. Por lo tanto, gestionar estas circunstancias y decidir cuánto peso les damos en nuestra mente y estrategia es un auténtico desafío.

10.3. Fomento del crecimiento continuo

Otro reto relevante es lograr un crecimiento orgánico constante, es decir, que el número de seguidores no disminuya, sino que aumente de manera sostenida. Para muchos creadores, ser perseverante es difícil porque, a medida que la curva de crecimiento se estabiliza, puede dar la impresión de que no se está avanzando. Aquí es donde entra en juego la paciencia y uno debe entender que se trata de un esfuerzo a largo plazo. Construir una comunidad es un trabajo de fondo y, a veces, sumar un solo seguidor o suscriptor en Telegram, por ejemplo, es un paso pequeño, pero significativo.

Con todo, lo importante es evitar caídas abruptas, así que si notas una disminución rápida de seguidores, es señal de que algo ha salido mal. Posiblemente, has cambiado demasiado tu estrategia de comunicación, lo que ha provocado que un porcentaje significativo de tu audiencia se haya desvinculado. Para mí, la clave para mantener el interés es proporcionar contenido de calidad y una oferta atractiva y relevante. En mi caso, afortunadamente, me encuentro en un ámbito, el deporte, la motivación o la Bolsa, que me facilita esta tarea, y cuento con herramientas que me dan muchas ideas.

Mi propósito es ofrecer a mi tribu la oportunidad de desarrollarse, tanto profesional como personalmente. A través de las píldoras de motivación que comparto, siento que muchas veces las adoptan y, en algunos casos, les ayuda a ser mejores personas. Además, aportando conocimientos sobre la Bolsa, contribuyo a que la gente esté más informada, entienda lo que hay detrás de los mercados y sea consciente de los riesgos que implica operar sin criterio. No les estoy dando fórmulas para ganar dinero, pero sí herramientas para ser precavidos y estar bien formados en el mundo de las finanzas.

10.4. EVALUACIÓN Y RETROALIMENTACIÓN CONSTANTE

Me gusta mucho evaluar y analizar el *feedback* de mi comunidad, y para ello invierto bastante tiempo leyendo los comentarios y respondiéndolos. Me sorprende que a muchas personas les extrañe que les conteste personalmente, pero es así; no tengo ningún *community manager*. Leo tanto lo positivo como lo negativo, aunque prefiero centrarme en lo bueno y no alimentar lo malo, y realizo encuestas sobre temas específicos que me interesan para tomar el pulso de mi comunidad. Considero que ésta es una excelente manera de entender lo que piensa la gente y de conocer sus intereses, para después optimizar mis publicaciones y la comunicación con ellos.

10.5. Diversificación de contenidos y actividades

A lo largo del tiempo, he aprendido que no todo contenido es válido. La gente me sigue para recibir un contenido concreto, y no tendría sentido que de repente empezara a hablar sobre ámbitos distintos, como la música reguetón, porque no es lo que esperan de mí. Cada creador tiene su nicho de mercado y sus seguidores, y el hecho de cambiarlos o introducir nuevas temáticas implicaría un riesgo que debe analizarse bien previamente.

Cuando comencé a hablar sobre KAP, una herramienta energética cuyas siglas responden a Kundalini Activation Process, noté que mucha gente no lo comprendía. Me relacionaban con el deporte y la motivación, por lo que fue difícil que me conectaran también con el ámbito de las herramientas energéticas. Hubo una transición complicada, y al principio algunos pensaron que había perdido el rumbo o que ya no me dedicaba al deporte, lo cual era completamente falso. Esta experiencia me dejó claro lo importante que es entender tu lugar en el mundo de la comunicación y qué espera tu comunidad de ti, porque de lo contrario puedes confundirlos y, en consecuencia, causar que se vayan.

En este sentido, la fidelidad de la comunidad es relativa, porque, si algo no les gusta, no dudes que van a cambiar de canal rápidamente. Por esto, eventos presenciales, como las conferencias que estoy organizando bajo el título *Gente sin límites*, son una gran oportunidad. Por 15 euros, los asistentes disfrutan de dos horas de charla, interactúan conmigo y pasan un buen rato. Aunque vivimos en un mundo digital, siento que la gente sigue necesitando este contacto humano, el trato directo, el *offline*, lo cual me parece muy valioso.

Así pues, organizar eventos o actividades que fomenten el compromiso y la cercanía es enriquecedor para todos, y especialmente bonito cuando, después de diez o quince años de interacción virtual, finalmente llega el momento de conocer a alguien en persona.

10.6. Cultivo de la innovación y la creatividad

En cuanto a las ideas innovadoras, más que crear un entorno donde los miembros puedan proponer y experimentar, actúo con celeridad. Si pruebo un tipo de publicación, rápidamente evalúo si funcionará, midiendo el *engagement* a través de interacciones, comentarios y *likes*. En cuanto noto que algo va bien, decido seguir adelante con ello; pero, si veo que no funciona, lo elimino de inmediato. No permito que algo sin éxito permanezca demasiado tiempo, y así evito confundir a la comunidad y perder su esencia.

También me he dado cuenta de que las personas en las redes son muy frágiles, por lo que no hay que despistarlas demasiado. Si se sienten confundidas o desorientadas, esto puede perjudicar tu relación con ellas. Por esta razón, las pruebas que realizo con las ideas innovadoras son breves y rápidas, de modo que me aseguro de que mi tribu entiende que hay una dirección clara, que sigue un camino marcado y que estoy con ellos en todo momento.

10.7. Gestión del crecimiento y la expansión

Tener una comunidad en expansión es maravilloso y, contrariamente a lo que muchos creen, no consume tanto tiempo. En algunas publicaciones he tenido muchos comentarios, y siempre he encontrado el tiempo para leerlos y responderlos, manteniendo esa interacción. Para mí, ésta es la diferencia entre perder el tiempo en internet o invertirlo de manera productiva. Por un lado, invertir tiempo es cuidar a la comunidad y responder a sus mensajes y comentarios, mientras que, por el otro, perderlo sería estar navegando por cuentas aleatorias sin un propósito claro.

En mi caso, prefiero dedicar tiempo a mi tribu, en lugar de interesarme por cosas anónimas que, aunque pudieran ser de interés, me consumirían demasiadas horas. A la vez, cabe destacar que no busco crear una comunidad exclusiva; al contrario, quiero que sea un espacio abierto y que cualquier persona pueda formar parte de ella. Por tanto, no hay barreras de acceso ni suscripciones que ofrezcan contenido extra. En efecto, en un mundo donde prácticamente todo es accesible, para mí no tendría sentido restringir o limitar mis cuentas. Además, si alguien busca algo más exclusivo o un enfoque más concreto, ya ofrezco programas especializados, como los de Bolsa, motivación o KAP.

10.8. Establecimiento de alianzas estratégicas

También considero que colaborar con otras tribus o *influencers* es muy positivo. De hecho, suelo hacerlo frecuentemente, por ejemplo, con Isra García, o incluso dentro de mis diferentes comunidades, como la de KAP y la de la Bolsa, en las que a menudo hay interacciones entre ellas. Así, muchos de los participantes en KAP terminan interesándose en la formación de la Bolsa, y viceversa.

Además, colaborar con otras personas, como cuando lo hice con Isra García, siempre genera un beneficio mutuo, porque ayuda a expandir el foco y ampliar horizontes, y a fortalecer las conexiones. Quizá los seguidores de mi colaborador no me conocen, o al revés, e incluso puede que tengan una imagen preconcebida de mí que cambia cuando trabajamos juntos, como sucedió en un retiro holístico que organizamos. Al conocerme en persona, descubren que esa idea inicial que tenían no se corresponde con la realidad. Este tipo de colaboraciones ayuda a ampliar horizontes y fortalecer la conexión entre nuestras comunidades.

Ahora bien, por supuesto, cualquier intento de colaboración o de expansión debe ser lógico y coherente. De lo contrario, tu comunidad podría no entender por qué te estás asociando con determinadas personas y, consecuentemente, podrían surgir malentendidos y generar confusión.

10.9. Manejo de las crisis y la adaptación rápida

En cuanto a cómo enfrentar y superar las crisis que puedan afectar a tu tribu, lo principal es la transparencia y la comunicación. Muchas veces, una crisis se genera cuando el líder es atacado y los miembros se preguntan por qué está sucediendo. Recuperar la confianza de la comunidad es clave, y a veces implica explicarles la realidad que desconocen o desmentir las noticias falsas que puedan circular. En cambio, si alguien te acusa o te ataca por alguna razón y no das explicaciones, esto puede volverse en tu contra rápidamente.

En estos casos, debes evaluar la situación, cortar los rumores, responder de forma adecuada y ser transparente. Luego, mantén la calma y, si procede, ve informando a tu comunidad durante el proceso, mientras intentas evitar discusiones prolongadas o *fake news*, y

restaura su tranquilidad y confianza con contenido positivo. A nivel personal, analiza lo sucedido y cómo podrías
haberlo impedido. Si es necesario, crea un plan para
controlar las futuras crisis y establece unos protocolos de
comunicación interna y externa. Con todo esto, conse-
guirás mitigar el impacto negativo y mantener tu confianza y reputación en la comunidad.

Epílogo

Llegados a este punto, me gustaría expresar mi deseo de haber logrado transmitir en este libro toda mi experiencia en las redes sociales. Estos diecinueve años en el mundo tecnológico me han aportado muchísimo y, en esta era de digitalización, considero fundamental crear una marca personal para mostrar tu experiencia y conocimientos, tu forma de trabajar, tus capacidades y virtudes, que muchos no exhiben por temor a ser vistos como arrogantes. De hecho, es importante no confundir la realidad con la soberbia, pero a la vez debemos aprender a enseñar pequeñas dosis de nuestro talento y habilidades para construir la mejor ventana de acceso a nosotros mismos. La marca personal ya no se trata solamente de ofertar productos, como ropa o tazas, sino de venderte a ti mismo, especialmente si aspiras a trabajar en la empresa de tus sueños.

Incluso los mejores *headhunters*, como Annabel Edo, manifiestan que en las entrevistas laborales no valoran sólo tu currículum, sino cómo te comunicas y cómo transmites quién eres, qué virtudes tienes y por qué deberían confiar en ti. Si muestras tus habilidades con confianza y te ven seguro de ti mismo, probablemente sabrás encontrar soluciones en los momentos más difíciles, un aspecto que cada vez se aprecia más.

En este libro también he querido advertirte sobre los peligros de las redes sociales, que no son muchos, pero sí intensos. Éstos incluyen la crítica destructiva, que puede hacerte dudar de ti mismo, o la desconfianza generada por comentarios anónimos, que cuestionan tus capacidades. Es fundamental evaluar si quieres estar en este rol o participar en este juego, y sobre todo no dejar que estas opiniones te hagan creer que no puedes seguir adelante con tu hoja de ruta. Las redes sociales y la creación de una marca personal nos exponen al mundo y exigen la máxima calidad en lo que ofrecemos. Si no estás dispuesto a mantener estos altos estándares, es mejor no estar presente.

Asimismo, he hablado mucho de mi trayectoria en todo este mundo, durante la cual, sin yo saberlo conscientemente, he sido constante en la construcción de mi marca personal. Desde 2005, cuando creé mi blog, hasta cuando realicé desafíos deportivos como el Ironman, la Maratón des Sables, la Titan Desert o la Maratón de la Muralla China, he tenido presente que comunicar lo que hacía era tan importante como hacerlo. Paralelamente, el *Josef* personaje, por decirlo de alguna manera, iba creciendo. Llevaba siete años dedicándome a la Bolsa y tengo una estética peculiar para este mundo, lo que llamaba inmensamente la atención, pero en lugar de esconderlo lo veía una oportunidad: tenía tatuajes, me dedicaba a la Bolsa y participaba en competiciones, y lo mostraba todo. Además, en todo momento no he olvidado mis redes sociales y mi blog, que he actualizado casi diariamente, siempre pensando en lo que podría interesar a mi audiencia, y enseñándolo con transparencia.

En 2007, hice mi primer Ultraman, y fue muy especial, porque era la primera vez que un medio escrito se interesó por mí. Recuerdo perfectamente cómo Carlos Márquez tituló sus artículos en *El Periódico* como «El profeta del esfuerzo». En 2008, vinieron a Hawái a grabarme para Informe Robinson, lo cual impulsó mucho mi marca personal; y en 2009, realicé el Ultraman de Canadá. En el año 2010, Red Bull, la empresa líder en apoyo a deportes alternativos, decidió apostar por mí, no porque ganara carreras, sino porque mi capacidad de comunicación era valiosa. Esto provocó un revuelo, pero también generó envidias y celos, porque por primera vez Red Bull apostaba por alguien que comunicaba mucho y muy bien, lo que me obligó a demostrar constantemente que merecía estar ahí.

En 2011, participé en el Epic 5 Challenge, que consistía en cinco Ironmans en cinco días en las cinco islas de Hawái, durante la gran crisis financiera. Por ello, los medios nacionales, programas como *Salvados* y publicaciones como *La Vanguardia* y *El País*, me buscaron para que explicara qué sucedía en el mundo financiero. Ese mismo año publiqué mi primer libro y, aunque fue crucial para mi marca personal, sabía que no se trataba sólo de obtener beneficios, sino de explicar quién era y qué hacía. Esta forma de pensar sustenta mis libros *¿Dónde está el límite?* o *Ganar en la Bolsa es posible: el método Ajram*.

Con todo, los años 2012 y 2013 fueron complicados. Los desafíos con Red Bull no salieron bien, por ejemplo, el Red Bull 7 Islands, que consistía en hacer siete Ironmans en siete días en las siete islas de Hawái. En consecuencia, recibí críticas feroces en las redes sociales y decidí alejarme de Facebook hasta que una marca colaboradora, Bedley, me motivó a volver en 2014 o 2015. A partir de ahí, me centré más en el deporte de Red Bull e hice lo que me gustaba sin la presión de qué dirán. Las cosas me salieron mejor y mi carrera profesional siguió creciendo. La formación bursátil, que nació a raíz de la crisis financiera, se convirtió en una realidad, y las redes sociales, el blog y mi marca personal permitieron un crecimiento orgánico. De esta forma, atraje a alumnos interesados en formarse en este mundo que, en aquel entonces, era toda una revolución, ya que el pequeño inversor tenía acceso a operar en Bolsa, algo que supe aprovechar muy bien.

En 2018, enfrenté otro terremoto emocional cuando un proyecto financiero no funcionó, lo que perjudicó mi marca personal. Las críticas fueron muy fuertes, y tuve que aprender que, sin importar cuán bien hagas las cosas, las redes sociales siempre estarán esperando el momento en que te equivoques. De hecho, es muy difícil atender a todos los clientes con excelencia y hacerlo siempre bien, especialmente cuando no sólo depende de ti, sino de otras variables. En cualquier momento, todos los logros pueden verse eclipsados por un bache, por lo que es necesario tener una gran fortaleza mental y una mentalidad ganadora. No debes dudar de lo que eres capaz, porque un error no significa que hayas olvidado cómo hacer las cosas bien.

En 2020, durante la pandemia del coronavirus, coseché los frutos de quince años de trabajo en mi marca personal. Cuando tuvimos que confinarnos en casa, la gente empezó a comprar formación en línea de manera compulsiva. Con el posicionamiento que tenía en el mundo de las finanzas y con una estrategia *online*, tuvimos la habilidad de ver esa oportunidad y fue como una gran cosecha. Ahora bien, sin el trabajo de los quince años anteriores, esto hubiera sido imposible. Por tanto, ten paciencia, crear una marca personal es un trabajo largo, duro y constante, pero los beneficios acaban llegando. En este sentido, también veo fundamental que te puedan encontrar fácilmente en las redes y que consigas luchar contra el algoritmo.

Desde entonces, especialmente desde 2022, he dejado de centrarme tanto en la parte *online* para volver a los orígenes, construyéndome de manera orgánica y adaptándome a las nuevas tendencias y canales de comunicación, como Telegram. Siempre estoy atento y abierto para decidir cuál es el siguiente movimiento que debo hacer para continuar creciendo. Asimismo, sigo ofreciendo pequeñas dosis de mi conocimiento para quienes desean aprender; y formación, conferencias, patrocinios o mentorías para los que quieran proyectar o ampliar el suyo.

En definitiva, así ha sido mi vida en el mundo de la marca personal durante los últimos diecinueve años. Si estás leyendo estas páginas años después, significará que este libro continúa funcionando. Desde la más profunda humildad, sólo me queda decir que me siento feliz y satisfecho de tener ahora una gran comunidad, muy fiel y estable, habiendo empezado con cero seguidores en todo. Es un auténtico *win-win*: ellos ganan, yo gano, pero lo mejor de todo es que todos nos sentimos parte de esta maravillosa tribu.

Anexo

CHARLA CON GONZALO ABADÍA

En las próximas páginas vamos a reflexionar sobre la importancia de la marca personal a través de fragmentos de una charla que considero clave para entender cómo construir y proyectar nuestra identidad en el entorno digital. Se trata de una conversación con Gonzalo Abadía, experto en marca personal, que llevé a cabo en el episodio 165 de mi pódcast, *Gente sin límites*. Aunque puedes escucharla completa en Spotify y YouTube, la he transcrito y adaptado al formato escrito. Considero que estos extractos son valiosos, que los apreciarás y que te permitirán aprender más sobre este mundo de la marca personal.

Josef: Buenas tardes, amigas y amigos de *Gente sin límites*. Hoy tengo el placer de charlar con una persona con la que ya he tenido conversaciones profundas y que me ha ofrecido puntos de vista sorprendentes, incluso reveladores. Os presento a Gonzalo Abadía. Buenas tardes, Gonzalo. ¿Qué tal?

Gonzalo: ¡Hola! ¿Cómo estás? Yo también me acuerdo de esas conversaciones, porque descubrí muchas cosas gracias a ellas.

Josef: Sí, fueron potentes. Para aquellos que aún no conozcáis a Gonzalo y para que sepáis con quién estaremos hablando hoy sobre marca personal, os lo presento: Gonzalo es licenciado en Periodismo por la Universidad de Navarra y es socio fundador de ABBEYCOM, una agencia especializada en la construcción de marcas corporativas y personales. La peculiaridad de esta pequeña agencia es que trabajan la marca de personas con reconocido prestigio y proyección pública, y con una trayectoria profesional muy consolidada.

Son cantantes, economistas, presentadores de televisión, empresarios, publicistas... que tienen que gestionar su reputación y sus contenidos para que siempre sumen y para que no metan la pata en nada. Como casi todas las buenas ideas, la agencia surgió para atender una necesidad con su padre, el gran Leopoldo Abadía, hoy economista mediático, y quizá de los primeros que se convirtió, por azar, en todo un fenómeno social y cultural de la noche a la mañana. Sin lugar a duda, creo que fue el primero en acercar el mundo de la economía a los medios de comunicación.

Gonzalo: Abrió el melón.

Josef: Eso es. Abrió el melón, además con una particularidad, la de tener esa cara, esa voz, ese tono, porque dices: «Joder, mira que es buen hombre. Este hombre no me puede estar engañando». ¿Puede ser ésta una de las peculiaridades, la cercanía, que alguien que quiere construir una marca personal debe potenciar?

Gonzalo: Sin duda. Creo que el éxito de mi padre se debe a su autenticidad. Siempre comparto historias sobre él y lo que dice porque, desde su gran estallido mediático en 2008, he trabajado prácticamente las veinticuatro horas a su lado. Llevo quince años trabajando mano a mano con él, viajando, ayudándole a escribir libros, organizando sus ideas y sus conferencias.

La conclusión a la que he llegado es que Leopoldo Abadía, mi padre, es exactamente igual en casa que en la televisión o en los medios de comunicación. Es el mismo hombre con la misma sencillez, el mismo sentido del humor y la misma frescura, tanto en la vida privada como en la pública. Ahí es donde radica la esencia de una marca personal: ser un personaje auténtico y real al cien por cien, proyectando la misma imagen tanto en el ámbito privado como en el público. Por eso, nunca lo verás fuera de lugar: Leopoldo es el mismo en su faceta pública y privada.

Éste es uno de los grandes logros de mi padre: ser genuino y natural. En los métodos de trabajo que hemos utilizado, esa autenticidad es fundamental. Cada vez que trabajamos con alguien, ya sea un cantante muy famoso o un empresario con proyección, nuestro objetivo siempre es que esa persona sea auténtica. Creemos que éste es el camino más directo para transmitir una imagen positiva: tener buena reputación y un mensaje claro. La clave es hacer las cosas a tu manera, pero siempre siendo genuino y natural.

Josef: A veces la gente me pregunta: ¿cuál es la diferencia entre persona y personaje?

Gonzalo: A ver, sobre este tema se han escrito ríos de tinta. Conocemos a mucha gente, como tú, por ejemplo. Puedo dar fe de que, después de un tiempo trabajando contigo y conociéndote mejor, la persona pública y la privada se parecen mucho en lo natural y lo humano. Pero esto abre un debate interesante: ¿estamos dispuestos a mostrarlo todo sobre nosotros, tal cual somos? ¿O preferimos dosificar cierta información, y mantener oculta la parte más íntima y privada? Esto puede influir en cómo se percibe a un personaje, haciendo que la parte personal se destaque más o menos, dependiendo de lo que se quiera proyectar.

En el caso de Leopoldo, la persona y el personaje público están completamente fusionados. Es una situación un tanto particular, porque generalmente las personas con las que hemos trabajado ya eran famosas o conocidas por algo específico, y a partir de ahí gestionamos su imagen o marca personal. Sin embargo, con Leopoldo fue al revés: era alguien completamente anónimo que se hizo famoso de la noche a la mañana, casi por casualidad, así que tuvimos que decidir cómo manejar esto: ¿lo mostramos todo o reservamos algo? Finalmente, decidimos que lo mejor era ser completamente auténtico, porque su historia era tan impresionante y genuina que merecía ser conocida: un hombre de setenta y cinco años, casado, con doce hijos y cuarenta y nueve nietos, que había traído un máster de Harvard a España cuando todavía no existía aquí. En todo sentido, era una persona totalmente natural, pero, aun así, el debate sigue abierto.

¿Qué mostramos y qué no? ¿Qué queremos que la gente sepa sobre nosotros? Es importante mantener una esfera privada, una parte de la persona bien protegida y sólida, porque vivimos en un mundo lleno de *haters*, donde cualquier persona, personaje, perfil o avatar puede arruinarte la vida, hablar mal de ti o dañar tu reputación sin motivo alguno. Por eso es fundamental tener bien definidos los pilares de nuestra proyección pública. Esto no sólo aplica a los famosos, sino también a cualquiera que se proyecte en plataformas como LinkedIn con buen contenido, por ejemplo, y que siempre estará a merced de las opiniones anónimas. O lo tienes todo bien construido y eres muy sólido, o puedes tambalearte a nivel personal. Este debate sobre el equilibrio entre personaje y persona es clave cuando se empieza a definir la estrategia de una marca personal. Estoy seguro de que esto también te sucede, Josef.

Josef: A mí me ocurre a diario. Conozco bien las reglas del juego, pero me pongo en el lugar de las personas que quieren empezar a construir su marca personal.

Tu padre, Víctor Amela y yo, el otro día, nos reímos mucho hablando sobre cómo manejamos estas situaciones. Somos personas que ya sabemos cómo funciona todo esto, pero para quienes están comenzando ahora, sin importar su edad, ¿qué consideraciones o precauciones crees que deberían considerar?

Me refiero a cuáles serían las señales de alerta para que alguien pueda darse cuenta de si realmente está capacitado para construir una marca personal. ¿Existe algún indicio claro que diga: «Mira, esto no es lo tuyo»?

Gonzalo: Creo que todos nacemos con una marca personal, ya que tenemos un nombre que nos hace únicos desde el principio. Ésa es nuestra marca de nacimiento. Por ejemplo, en mi caso, tengo un hijo que se llama igual que yo y dos sobrinos que también comparten mi nombre. Por tanto, ya hay cuatro Gonzalo Abadía a mi alrededor, lo que me obliga a gestionar cómo diferenciarme un poco. Pero, en esencia, ya nacemos con una marca.

Pienso que el primer indicio o señal de alerta que debemos tener en cuenta cuando se trata de construir una marca personal es entender que no se trata de una proyección del ego ni de una herramienta para ganar dinero. Es verdad que puede abrir puertas y ayudarte a canalizar oportunidades profesionales, pero crear una marca personal no se trata de buscar *likes*, hacerse famoso, tener una comunidad propia o acumular millones de seguidores. Tener una comunidad y personas que te aprecien por lo que haces es una consecuencia de una buena gestión de tu marca, no el objetivo principal.

Una de las cosas que suelo enfatizar cuando doy clases sobre este tema en la universidad es que la marca personal no es una extensión del ego, sino un acto de justicia. Se trata de poner todas las cosas buenas que tienes al servicio de los demás, de ser generoso, y no de querer ser famoso o buscar aprobación. Todos tenemos habilidades, algunas innatas y otras adquiridas a lo largo de nuestra vida, ya sea por nuestros estudios o experiencias. Esas habilidades conforman quiénes somos, y esa totalidad, ese *yo completo*, es lo que deberíamos poner al servicio de los demás para aportar algo valioso.

Cuando el enfoque es otro, como querer ser famoso, acumular *likes* o hacer algo llamativo sólo para atraer atención, creo que esa marca personal está mal dirigida. No es algo en lo que yo me involucraría, porque me parece una visión desvirtuada. De hecho, creo que esto acabará cambiando. Me da la impresión de que está surgiendo un movimiento que busca redefinir la marca personal para que no se confunda con una marca comercial. Muchas empresas hablan de propósito, y creo que ése es el camino que debemos seguir.

Cuando trabajamos con alguien para desarrollar su marca, una parte importante de nuestro enfoque es el impacto social que tendrá. ¿Qué repercusión social va a tener tu marca, ya seas cantante, economista o deportista extremo? ¿Cuál será el beneficio social de lo que haces? Esta perspectiva siempre debe ser parte del enfoque de una marca, viéndola como algo positivo. No es una proyección del ego, sino algo que ofreces a los demás para que puedan beneficiarse. Probablemente, esto te beneficiará a ti también, ayudándote a ser una persona más plena, y te abrirá más puertas.

Josef: ¡Brutal! Me acabas de dar el titular de la conversación: «Una marca personal no debe ser una proyección del ego». Ya podemos dar por terminada la charla, gracias por todo. ¡Brutalísimo!

Mira, conozco a una persona excepcional, y tú también de manera indirecta, en Miami, a la que pronto tendrás la oportunidad de conocer mejor, que me hizo ver algo de lo que no era consciente. Mi visión sobre la marca personal es similar a la tuya. Sin embargo, ella me comentó que uno de los grandes problemas de los profesionales es que, cuando buscan trabajo, incluso para puestos con salarios de 100, 200 o 500 mil euros o dólares, no saben cómo venderse. No saben cómo presentarse a sí mismos. En ese momento, mi mente hizo clic y pensé: «Claro, mucha gente asocia la marca personal con crear una imagen para vender camisetas o tazas, por decir algo. Pero, desde este otro punto de vista, el problema es que las personas no saben cómo vender su talento». Fue algo que realmente me impactó.

¿Cómo lo ves? Tú que has tenido y tienes contacto con tantos profesionales, que has dado tantas conferencias, ¿crees que la gente sabe comunicar y vender su talento y capacidades?

Gonzalo: No todos saben cómo hacerlo, pero lo cierto es que todo el mundo tiene algún talento. La marca personal tiene que ver con la justicia: es injusto tener un don y no saber cómo transmitirlo o venderlo, o no poder resultar atractivo para una empresa por no tener la capacidad de comunicar. No se trata sólo de dominar técnicas de comunicación, sino también de superar miedos y complejos. Tradicionalmente, se dice que a los latinos no les gusta que se sepa si han conseguido un trabajo gracias a contactos, mientras que los americanos tienden a presumir de sus conexiones. Disculpen si me equivoco, pero ésa es la impresión que tengo. Por tanto, es posible que muchos, especialmente los directivos, no hayan trabajado adecuadamente una estrategia para venderse en el mercado laboral o para proyectarse y promocionarse bien.

En este sentido, hay que volver al origen. Una marca, al final, es una señal que comunica algo, las huellas que dejas en los demás. Por ejemplo, cuando estás con amigos y te ausentas un momento, la impresión que dejas en su mente es tu marca personal más básica. Podría ser que alguien piense «este tipo me cae bien por esto» o «me parece simpático» o incluso «parece un poco engreído». Los americanos, que tienden a convertirlo todo en un proceso, inventaron el *personal branding*, que es precisamente la gestión de esa huella que dejas.

Con relación a lo que has mencionado sobre venderse bien y sobre la reflexión de tu conocida de Miami, creo que es muy acertado. Es probable que pocas personas se tomen el tiempo de pensar en cómo enfocarse adecuadamente en una entrevista o una promoción laboral, o simplemente en cómo presentarse ante los demás. Hay una parte de planificación que es fundamental.

También debemos entender que no estamos necesariamente capacitados para improvisar. Ni siquiera los grandes discursos de la historia fueron improvisados. Cuando pedían a Churchill que hablara espontáneamente en una cena, él ya se lo había preparado por la mañana, y siempre llevaba algo escrito. Mi padre siempre decía: «Si existe la mínima posibilidad de que tengas que hablar en algún sitio, prepáratelo». ¿Que luego no tienes que hablar? No importa, prepáratelo igual. Se trata de hacer justicia a lo que debes compartir con los demás, de ser capaz de comunicar lo que tienes para ofrecer. Si estás en un proceso de cambio laboral, buscas una promoción o aspiras a un puesto en otro lugar, necesitas mostrar lo mejor de ti. Ahora bien, odio la frase «sacar tu mejor versión», porque normalmente termina saliendo la peor. No se trata de eso, sino de destacar las cualidades innatas que te hacen extraordinario. De hecho, el enfoque debería ser al revés: no es sólo postularse para un puesto, sino seducir a la persona que te va a contratar, demostrar que eres lo mejor para esa empresa, y que tu presencia aportará crecimiento y beneficios. Nuevamente, se trata de justicia: convertirse en alguien apetecible para los demás.

Josef: Convertirte en alguien apetecible para los demás.

Gonzalo: Una seducción total y absoluta.

Josef: Justamente en relación con esto, ¿crees que en general la sociedad española tiende a no confiar en sus propias capacidades? ¿La gente es demasiado conservadora con sus aspiraciones y teme el fracaso? ¿Lo has notado en algún momento?

Gonzalo: Bueno, lo dices tú, que eres el hombre vinculado al riesgo.

Josef: No, yo no tengo miedo, pero en general...

Gonzalo: Por eso, en España hay gente sin límites. Pero la realidad es que la mayoría de las personas se imponen muchos.

Josef: Hoy mismo le decía a una persona que aprecio mucho: «Mira, lo peor que puede pasar es que te digan que no».

Gonzalo: Exacto, hay demasiados miedos, muchísimos. Yo me enfrento diariamente a esto.

Josef: Por eso.

Gonzalo: Con los nuevos proyectos que nos llegan, esto se hace aún más difícil. Pero, bueno, es algo muy normal y humano. De hecho, sería un gran problema si esos miedos no existieran. Lo que pasa es que a la gente le cuesta mucho romper con esos pensamientos limitantes. Me resulta curioso tener que explicártelo a ti, que siempre has sido el que más riesgos asume.

Josef: Me gusta que lo explicaras tú, porque tienes más credibilidad que yo. A mí la gente me dice que soy un loco, pero viniendo de alguien como tú, con tu experiencia y tu currículum, tus palabras tienen más peso y seriedad.

Gonzalo: Totalmente, así es. Vamos bien, entonces.

Josef: Sí, vamos bien.

Gonzalo: Fíjate, algo que me ha llamado mucho la atención últimamente, dado que nosotros organizamos conferencias, como bien sabes, y contamos con una gran audiencia, la cual es un canal clave para la construcción de una marca y para ganar credibilidad, es el interés creciente por los ponentes que abordan la gestión del miedo. No sólo la gestión del cambio, de la que muchos ya hablan, sino la del miedo y del fracaso, la *cara B* de las cosas. Me fascina este tema porque es ahí donde realmente se manifiesta la esencia del ser humano. De hecho, la marca personal también trata de eso: en un contexto de supervivencia, nos vemos obligados a vendernos mejor.

Es como decir: «Yo soy el que vale aquí. De todos los que quedamos, soy el adecuado», y para ello hay que utilizar todos nuestros recursos y habilidades. No obstante, a menudo, para encontrar lo que realmente podemos ofrecer de valioso y lo que nos ayudará a alcanzar nuestros objetivos, primero debemos enfrentarnos a lo negativo. Existen obstáculos banales, como no dominar bien el inglés, que tienen solución, pero también hay otros desafíos internos mucho más difíciles de gestionar. A lo largo de mi vida, me he encontrado en esta situación muchas veces.

Y otra frase que detesto es «salir de la zona de confort». Ya te he mencionado dos frases que, para mí, ayudan a distinguir entre quienes realmente aportan contenido sustancial y quienes no tanto. Con todo, creo que incomodarse y forzarse a uno mismo a salir adelante es mucho más valioso.

Como dice mi padre, y suelo repetirlo en las conferencias: «Cuando hay viento huracanado, algunos se acurrucan y otros construyen molinos». En momentos en los que nos sentimos inseguros o tememos dar un paso adelante, es fundamental ponernos en la posición de los que construyen molinos. No soy de los que fabrican molinos sólo porque la situación me incomode, sino de los que se enfrentan a sus miedos y debilidades, las trabajan y las mejoran para convertirse en alguien valioso para cualquier oportunidad que se presente. Por tanto, ante adversidades, me preparo para construir esos molinos que me proporcionen lo que necesito.

Josef: Imagina a una persona que está en medio de una transición profesional, alguien que ya tiene un talento claramente identificado y que podría estar considerando un cambio. Quizá esté pensando que es el momento adecuado para comenzar a desarrollar su marca personal. A medio plazo, al final del día, contar con una marca personal sólida puede brindarle cierta libertad, como la oportunidad de dar conferencias o realizar formaciones en distintos contextos. Sé que la pregunta es un poco amplia y ambiciosa, pero lo que puedas responder: para alguien que está empezando a construir su marca personal, ¿qué objetivos debería plantearse a corto, medio y largo plazo?

Gonzalo: Yo creo que debe tener uno.

Josef: ¿Uno? ¿Un objetivo?

Gonzalo: Luego ya llegará el segundo.

Josef: Vale.

Gonzalo: Antes de mencionar cuáles son los objetivos, asumo que se ha hecho un trabajo previo para saber qué se quiere mostrar y cómo se percibirá, al menos en el entorno cercano. Éste ya es un ejercicio importante.

Josef: ¿Qué quieres mostrar y cómo te percibe tu entorno?

Gonzalo: Así es, como si fuera algo personal, mi casa o mis amigos, mi entorno más cercano. Hay un autor llamado Tom Peters, que inventó el concepto de la marca personal, que en uno de sus libros ofrece cincuenta ejercicios para construirla. Uno de los primeros, que recomiendo hacer, es sentarse con tus amigos y preguntarles: «Oye, ¿cómo me veis?».

Josef: ¡Qué bueno!

Gonzalo: Los invitas a tomar algo y les dices: «¿Qué se me da bien? No me machaquéis, pero decidme lo que pensáis de mí». Si son tus amigos, te dirán la verdad. Una vez que hayas hecho este ejercicio, creo que deberías tener un objetivo que yo llamo *concepto asociado*, es decir, encontrar un concepto que inmediatamente se asocie contigo. Esto no es fácil, pero es el norte que guiará todo tu trabajo de marca personal. Con el tiempo y con años de trabajo, es posible que lo logres.

Por ejemplo, mi padre tiene asociado el concepto de la sensatez. Esto no fue algo planeado, pero cada vez que hablaba la gente decía: «¡Qué sentido común!». Entonces, decidimos construir la marca en torno a eso y, por esta razón, su segundo libro se llama *La hora de los sensatos*. Luego creamos una serie de iniciativas llamada *Las conversaciones sensatas*, e incluso su columna en *La Vanguardia* se titula «El jardín de los sensatos». Todo está alineado con esa idea; encontramos ese rumbo y fuimos coherentes con él. Creo que éste es uno de los grandes objetivos que cualquier persona debe tener al trabajar en su marca personal.

Te diré algo, Josef: existen muchos gurús de la marca personal, pero pocos te hablan de ella como un tema de justicia y te dicen que no se trata de alimentar el ego, y casi ninguno te menciona la importancia de establecer un concepto asociado. Éste es un enfoque muy particular, un método muy mío.

Josef: ¿Y en qué te basas para ir contra corriente? ¿Es la experiencia que has reunido a partir de las diferentes personas con las que has trabajado?

Gonzalo: Sí, claro. He tenido la suerte de trabajar con mucha gente con trayectorias muy sólidas, así que cuando hablo lo hago con conocimiento de causa...

Josef: Claro, tiene sentido.

Gonzalo: La materia prima con la que trabajo ya viene muy pulida. Mi labor es abrirles nuevos territorios. Por ejemplo, cuando colaboro con un cantante famoso que no sólo tiene talento musical, sino también un intelecto destacado, alguien que puede escribir bien y tener un buen discurso, le ayudo a explorar áreas en las que nunca había estado antes, donde su nivel intelectual le exige aprender y formarse más. Cuando están dispuestos a hacerlo, ese enfoque de trabajo te permite desarrollar un método que puedes aplicar con el siguiente cliente. Vas tomando un poco de cada experiencia, y así yo he llegado a estas conclusiones, que pueden ser totalmente incorrectas. Como dice Alfonso Alcántara, un experto en marca personal: «En breve habrá más expertos en marca personal que personas». Y tiene razón, porque en internet abundan los vídeos de «10 consejos para construir tu marca» u «8 *tips* para mejorar tu marca».

Josef: Claro.

Gonzalo: Parece que todo el mundo tiene la fórmula mágica para construir una marca personal. En cambio, yo prefiero un enfoque más específico y directo: ¿qué es lo que realmente quieres proyectar? ¿Sabes cómo te percibe la gente? Esto es clave. Tú te ves en un espejo, pero ¿cómo te ven los demás? Creo que en esto conectamos bastante, Josef, porque tú también eres una persona que hace mucha introspección y siempre buscas posicionarte bien y mejorar cualquier aspecto que no te convence. Aunque no me meto en temas energéticos, entiendo que hay quienes prefieren trabajar con energías y con conexiones con los demás. Sin embargo, mi enfoque es más concreto. Suelo preguntar: «¿Qué quieres proyectar? Ya tienes una mochila cargada con tu experiencia y la percepción que otros tienen de ti. Vamos a encontrar un concepto que realmente se asocie contigo, de la forma más auténtica y natural posible».

Por otro lado, tuve la suerte de trabajar un tiempo con David Summers. A pesar de tener millones de seguidores, sigue siendo una persona muy sencilla y natural. Cuando hablas con él, te das cuenta de que al final lo que realmente busca es hacer cosas normales, como ir a la farmacia sin que le molesten. También trabajé con José María Gay de Liébana, con quien tuve una relación muy cercana, y que era conocido como el *economista indignado* por sus arengas potentes. En su caso, queríamos destacar otro tipo de éxito, no tanto ser polémico, sino la transparencia con la que hablaba.

Cualquier persona debe tener un rumbo claro y una meta invariable. Ése sería mi primer consejo para quien quiera construir su marca personal, aunque no me gusta darlos, porque no sé si soy alguien para hacerlo.

Josef: Lo eres.

Gonzalo: Ya estamos con las dudas.

Josef: Sí, confianza en uno mismo. ¡Vamos!

Gonzalo: Exacto. Se trata de entender cómo te ves y te percibes a ti mismo. A partir de ahí, puedes definir una dirección basada en conceptos sociales.

Josef: Totalmente. Oye, en la presentación que leí, la que tú me pasaste, me llamó mucho la atención la parte de tener cuidado de no meter la pata. ¿Tú crees que hay que arriesgar?

Gonzalo: Mira, sinceramente, yo diría que no.

Josef: Entonces, si no se debe arriesgar, ¿hay que mantenerse neutral?

Gonzalo: Yo prefiero ser cauteloso.

Josef: Vale.

Gonzalo: Es decir, apuesto por la prudencia. Como persona anónima, puedo dar mi opinión sobre muchas cosas. Por ejemplo, cuando sale un disco de Melendi, me cuesta más apreciarlo en comparación con uno de los Beatles, que considero una obra de arte. Aquí estoy siendo bastante políticamente correcto, sin ofender a nadie. Me he posicionado en esto, y en muchas otras cuestiones, pero creo que alguien que tiene una presencia pública o aspira a ser atractivo para los demás, ya sea porque busca empleo o quiere construir una trayectoria profesional, debe ser muy cuidadoso. Yo siempre aplico una regla, en la creación de contenido, que llamo la *regla del olfato, gusto y tacto*.

Josef: «Olfato, gusto y tacto». A ver, cuéntame más sobre eso.

Gonzalo: Cada vez que vayas a generar contenido, dar un *like*, comentar o hacer un *repost*, es importante considerar estos tres sentidos. Con el olfato me refiero a preguntarse: ¿a quién le importa realmente lo que voy a decir? Con el gusto, a reflexionar sobre qué aspecto positivo de mí mismo se revela con lo que estoy diciendo. Y con el tacto, a pensar qué beneficio aportará mi mensaje a los demás. Entiendo que es difícil aplicar estas tres ideas a todo lo que hacemos en las redes sociales. Por ejemplo, si subes una foto de una paella en Instagram, te puedes preguntar: ¿por qué la gente comparte fotos de paellas? Quizá porque quieren mostrar que la prepararon ellos mismos, y esto está bien y es positivo. O tal vez porque quieren presumir de que están en Ibiza disfrutando de una paella en un barco. Entonces, la pregunta es: ¿qué aporta eso? ¿Para qué quieres que la gente lo sepa? Me gusta llevar esto al extremo y ser prudente hasta este punto para evitar arrepentimientos sobre lo que se comparte.

Cuando gestionamos la marca completa de alguien, y creamos su web, sus contenidos, sus redes, etcétera, establecemos unos criterios básicos: ser neutral y positivo; siempre aportar y nunca responder a los *haters*. Por el contrario, sabemos de muchas personas que han metido la pata en las redes sociales y, en consecuencia, han perdido contratos publicitarios, han afectado a sus comunidades o incluso han comprometido causas benéficas. Por tanto, hay que tener mucho cuidado y valorar cada paso que se da.

Una de las claves para fortalecer una marca, especialmente cuando se trata de alguien muy conocido, es saber decir *no*. No importa cuántas ofertas increíbles recibas; una marca se consolida más, cuantas más veces dice que no.

Josef: ¿«Cuantas más veces dice que no»? ¡Guau!

Gonzalo: Claro, porque decir que sí es muy fácil. Te ponen dinero sobre la mesa y es tentador, sobre todo si te están pagando por cualquier cosa. No obstante, pocos son los que dicen que no basándose en principios sólidos. Por ejemplo, pueden ofrecerte una cantidad de dinero que te vendría muy bien, pero decides rechazarla porque no va en consonancia con tus valores o convicciones.

Pongo el caso de Paul McCartney, alguien extremadamente estricto con sus creencias sobre el vegetarianismo y el trato ético de los animales. Soy su fan absoluto porque sé que es coherente al cien por cien con lo que predica. Durante sus giras, a sus cuatrocientos empleados no se les sirve carne ni productos de origen animal, a pesar de que muchos de ellos tienen trabajos físicamente demandantes como montar escenarios. Es una postura extrema, pero McCartney se mantiene fiel a ella.

Ahora bien, si en algún momento cometes un error, siempre habrá la manera de rectificar y de arreglar la situación. Para eso hace falta templanza y saber que no hay que responder a los *haters* ni dejarse llevar por campañas negativas. Esto es algo que tú también has experimentado, Josef. Todo esto debería servirte como lección para entender que incluso tú tienes límites y que hay cosas que es mejor no responder.

Ahora, respondiendo a tu pregunta, creo que es esencial ser lo más neutral posible.

Josef: Lo más neutral posible, ¿eh?

Gonzalo: Exacto, imagínate.

Josef: ¿Y cómo lo hacemos con nuestro amigo Risto Mejide en este caso?

Gonzalo: Risto tiene un libro fascinante titulado *Annoyomics* (Gestión 2000, 2012), en el que explica que su estrategia de construcción de marca se basa en *molestar* a la gente. Ésta era su apuesta inicial y su concepto clave. En concreto, Risto decía: «Si cuando hablas nadie se molesta, eso es que no has dicho absolutamente nada». Sin embargo, también ha sabido reposicionarse con el tiempo y ahora parece una hermanita de la caridad. Se lo he dicho muchas veces: «¡Ahora eres bueno!».

Josef: Sí, ahora es una buena persona. Nos estamos haciendo mayores, ¿no? Nos volvemos más blandos. Además, ha sido padre, y creo que eso, de alguna manera, también te hace más tierno, ¿no?

Gonzalo: También es cierto que, cuando piensas en el legado que dejas, te das cuenta de que ya no estás solo en el mundo. Claro, claro. En el caso de Risto, es un verdadero genio en lo que respecta a la marca personal. Después de *Annoyomics*, escribió *Urbrands* (Espasa, 2014), un libro que ganó el premio Espasa, donde propone construir tu marca como si estuvieras construyendo una ciudad. Es un método increíble. Pero sí, *molestar* sigue siendo su concepto asociado.

Josef: ¡Qué interesante! Como experto en la creación de marcas personales, ¿consideras que las redes sociales siguen siendo imprescindibles para alguien que quiere comenzar a construir su marca personal? ¿O existen otras vías más actuales? ¿Están las redes saturadas o nos estamos haciendo demasiado mayores para eso? ¿Qué consejo le darías a alguien en esa situación? Muchas personas dicen que no quieren estar en Instagram o en LinkedIn. ¿Cuál es tu opinión al respecto?

Gonzalo: Pienso que no es necesario que todo el mundo esté presente en todas las redes sociales. Una vez que tienes claro tu concepto y cómo quieres proyectarte, es importante identificar en qué plataformas te vas a mostrar. Tengo dos consejos. El primero es que registres tu nombre y apellido como dominio web, desde ya, hoy mismo, no lo dejes para después. El segundo es que te registres con tu nombre y apellido en todas las redes sociales posibles. Todas, sin excepción, porque no sabemos cómo evolucionará el tema de la inteligencia artificial.

Llegará un momento en el que las veinte redes que existen ahora podrían fusionarse en tres grandes plataformas. Por ejemplo, Meta ya controla WhatsApp, Instagram, Threads, Facebook, y quién sabe qué más en el futuro. Todo se va a seguir concentrando, por lo que es importante estar presente en todas. Por eso, tengo registrado «Gonzalo Abadía» en todas las redes, incluso si no las uso como TikTok, Snapchat (si es que todavía existe) o Clubhouse.

También hay que tener en cuenta el tema de la web, porque Meta podría decidir cerrar WhatsApp, Instagram o Facebook en cualquier momento, y todo tu contenido desaparecería. Por eso, creo que es fundamental tener una página web donde puedas crear y almacenar tu contenido, y que te sirva como centro de operaciones.

En cuanto a LinkedIn, parece ser la red más relevante para temas profesionales. Sin embargo, también hay mucha impostura allí. Leí recientemente que la inteligencia artificial es capaz de escribir *posts* mucho más naturales que los de muchos usuarios, que a veces parecen forzados.

En resumen, hay que gestionar bien las redes sociales, y tener tanto el dominio web como los perfiles de redes registrados a tu nombre. Luego, es cuestión de identificar dónde quieres estar y qué quieres comunicar. Cada plataforma tiene un tono distinto: lo que compartes en Instagram no es lo mismo que lo que compartirías en WhatsApp.

Además, con el uso de la inteligencia artificial, estamos en un momento en el que puedes generar contenido de alta calidad de manera constante para todas las plataformas. Por ejemplo, este mismo pódcast podría transcribirse a texto usando una buena IA, y después convertirlo en cincuenta tuits para un hilo en X, en extractos para Instagram o en *shorts* para TikTok. Así, con un solo contenido, podrías llenar tus redes durante diez días.

El buen uso de las redes puede ser muy beneficioso, pero al final lo importante es que el contenido sea de calidad. De hecho, existen muchos pódcast creados por gente a la que simplemente le gusta charlar con sus amigos, pero que no tienen un buen contenido y se vuelven un coñazo.

Josef: Sí, la verdad es que mucha gente no es consciente de esto.

Gonzalo: Exacto, si tienes una idea clara de cómo quieres presentarte y del concepto que quieres transmitir, debes asegurarte de tratarlo adecuadamente en cada red y planificarlo bien. La planificación es clave, no debes dejar nada al azar.

Josef: Corrígeme si me equivoco, pero creo entender que tú también piensas, como yo, que es importante ser fácilmente identificable en las redes, ¿verdad? A veces la gente se pone nombres que, sinceramente, no hay manera de saber quiénes son.

Gonzalo: Exacto.

Josef: Nombre y apellido. Punto. Así de sencillo.

Gonzalo: Nada de nombres complicados o alternativos. Es fundamental ser constante: tener la misma descripción, biografía, foto de perfil, imagen de portada, etcétera. Si hay otro Gonzalo Abadía en las redes, quiero que quien me busque a mí pueda encontrarme fácilmente y que diga: «Ah, el de LinkedIn es el mismo que el de Instagram. Perfecto, es éste».

Josef: Estoy totalmente de acuerdo con lo de usar la misma foto y biografía en todas las redes.

Gonzalo: Sí, es muy importante. Por esto, si decides cambiar tu foto de perfil en Instagram, necesitas tomarte el tiempo de cambiarla también en todas las demás plataformas. Esto puede ser tedioso, pero es cuestión de constancia.

Josef: Claro, es como picar piedra, ¿no?

Gonzalo: Exactamente, es como picar piedra. Si tienes un blog, ¿con qué frecuencia vas a actualizarlo?

Josef: Claro.

Gonzalo: Publicar contenido cada semana no es fácil. ¿Sabes lo que implica ser creador de contenido semanalmente?

Josef: Sí, cuesta un montón.

Gonzalo: Por eso, la planificación es clave.

Josef: Sí, es mucho trabajo.

Gonzalo: Sí, es mucho esfuerzo y, por esta razón, muchos se rinden.

Josef: Totalmente.

Gonzalo: Por esto, debemos forzarnos un poco para crear una pequeña comunidad. No se trata de tener grandes ambiciones, pero sí de mantener el contacto con amigos, conocidos y compañeros. Una vez al mes, por ejemplo, puedes ponerte en contacto con ellos y contarles en qué estás trabajando. Puedes ir uno por uno y preguntar: «Oye, ¿te importa si de vez en cuando te envío información sobre lo que estoy haciendo?». Si aceptan, los añades en una lista en Excel; y luego vas cuidando a esos contactos, enviándoles contenido de vez en cuando. Al principio, muchos lo aceptarán porque son tus amigos, pero puede que alguien, en algún momento, piense que lo que envías es interesante y lo comparta con otros.

Josef: Claro, crear una comunidad orgánica, según mi experiencia, es la única manera de asegurar la sostenibilidad de un negocio. La inversión en publicidad para atraer a una comunidad poco comprometida, lo que llamamos *leads fríos*, no sólo no es sostenible a largo plazo, sino que puede ser contraproducente, porque terminan cansándose de ti por recibir constantemente información que no les interesa. Construir una comunidad orgánica es un proceso muy lento, pero al mismo tiempo se vuelve muy sólido.

Gonzalo: Sí, es muy sólido y fiable.

Josef: Así es, es la más fiable.

Gonzalo: ¿Cuántos seguidores tienes en total, Josef?

Josef: Unos 2.100.000, más o menos.

Gonzalo: ¿Y cuál es tu red social preferida?

Josef: La que más negocio me genera es mi canal de Telegram, donde tengo a unas 6.600 personas. Podría haber sido una *newsletter*, pero decidí potenciar Telegram en lugar de eso. Ahí se produce una mayor interacción en términos de consumo de productos o servicios, así que la mayoría de mis 2.094.000 seguidores en otras plataformas no me generan ingresos, son sólo *voyeurs*, ¿sabes?

Gonzalo: Bueno, también tienen sus propios seguidores, lo cual es interesante.

Josef: Sí, sí, totalmente.

Gonzalo: Es muy interesante porque eso te proporciona un colchón.

Josef: Sí, exacto.

Gonzalo: Pero lo que te hace atractivo no son sólo los 6.000 de Telegram, sino tus 2.100.000 seguidores en total. Eres valioso para una marca, para un alumno o para alguien que quiera contratarte para que des una conferencia. La gente ve credibilidad en esos números.

Josef: Yo siempre digo que ahora sería casi imposible crear esa comunidad. Creo que hemos aprovechado un momento adecuado, en el que personas como tu padre, Risto o yo, cada uno a su nivel, vimos una oportunidad y el crecimiento fue rápido. Ahora es mucho más difícil.

Gonzalo: Sí, todo está mucho más disperso ahora.

Josef: Exactamente, todo está muy disperso. Por eso me interesa mucho tu perspectiva sobre la creación de una comunidad, la web, la *newsletter*...

Gonzalo: Si no, te enfrentas a la presión de no alcanzar los objetivos que te has propuesto, y eso puede ser muy frustrante.

Josef: Claro.

Gonzalo: Mi enfoque, o la visión que tengo, es más humana. Tengo ciertas cosas que creo que es bueno compartir con los demás en las redes, como antes lo eran las plazas de los pueblos, un lugar para compartir. Si te presionas por conseguir *likes*, crecer en seguidores o alcanzar ciertas metas sólo por cumplir, entonces estás perdiendo de vista lo que significa realmente construir una marca personal, al menos como yo la entiendo.

Josef: Estoy totalmente de acuerdo.

Gonzalo: Ahora bien, quiero que tu web esté impecable y actualizada, que tus redes sociales reflejen lo mejor de ti y que el contenido que compartas sea de calidad. Si los números crecen y tienes muchos seguidores, genial. Pero es esencial que cuides los detalles, y que seas conocido por ello.

Josef: Claro. Ayer u hoy, no lo recuerdo bien, me llamó la atención algo... Ya sabes que soy del Espanyol, ¿no?

Gonzalo: Muy contento.

Josef: ¡Vamos! Pues, fíjate, entré en el perfil de X del delantero Puado y vi que sólo tiene 7.000 seguidores y que su último tuit fue en diciembre de 2021. Éste es el jugador que ha llevado al Espanyol de vuelta a primera división. Me pregunto: ¿para una marca personal o para alguien que quiere destacar es mejor cerrar una red social que dejarla parecer abandonada?

Gonzalo: Yo pienso que lo mejor sería que contratara a alguien para gestionarla.

Josef: Sí, tienes razón.

Gonzalo: Especialmente en el caso de X, que funciona como un centro de atención al cliente. Si tienes un problema con tu compañía telefónica, puedes llamar a varios números, pero el canal más eficaz para obtener una respuesta suele ser X. Lo mismo ocurre con las aerolíneas y las compañías de gas. Con todo, una celebridad o un futbolista debe gestionar adecuadamente sus redes y no dejarlas abandonadas, aunque a menudo no tienen el tiempo ni la capacidad para hacerlo ellos mismos. Instagram es más sencillo porque puedes subir una foto y listo, pero si tienes que escribir, opinar o dar a conocer algo más complejo, lo mejor es dejarlo en manos de un profesional.

Josef: Eso es interesante.

Gonzalo: Sí, porque, si no, te expones a situaciones desafortunadas, como le pasó a David Bisbal con aquel comentario sobre las pirámides de Egipto en plena primavera árabe. Dijo que nunca las había visto tan vacías, sin darse cuenta de que había un conflicto grave en curso. Ese error fue un golpe duro para su marca personal y le costó recuperarse. Por tanto, si eres un jugador destacado como Puado, deberías pedirle al club, en este caso el Espanyol, que busque a alguien que te gestione las redes. O incluso hablar con tus patrocinadores, amigos de confianza o una agencia. Estaríamos encantados de gestionarlo y ayudarte en eso.

Josef: Pues ya lo saben.

Gonzalo: Sí, los contenidos...

Josef: Oye, Gonzalo, llevamos casi una hora. No quiero quitarte más tiempo, porque podríamos seguir hablando aquí durante horas. ¡Madre mía! Oye, si alguien quiere contactarte para trabajar en su marca personal o pedirte ayuda, ¿cómo pueden hacerlo?

Gonzalo: Pueden visitar mi web, aunque creo que ahora mismo está en construcción. Si no, pueden escribirme a *gonzalo@abbeycom.es*. Y, si lo prefieren, que te envíen un correo a ti en *Gente sin límites*.

Josef: Y yo te lo chuto.

Gonzalo: Exactamente, yo soy fácil de encontrar en LinkedIn y en todas las plataformas.

Josef: Estupendo. Oye, pues muchísimas gracias por esta *masterclass*. Ha sido una verdadera lección desde la experiencia. Has estado en el campo de batalla y has tenido el privilegio de crecer junto a tu padre, algo que seguro que ha sido muy especial. ¡Menudo máster de vida, eh!

Charla con Annabel Edo

A raíz de mi conversación anterior con Gonzalo Abadía, surgió esta nueva charla sobre la marca personal y cómo utilizarla para encontrar empleo o conectar con nuevas empresas, con Annabel Edo, una experta en este campo. He transcrito y adaptado la conversación al formato escrito para que podáis aprovechar los valiosos consejos que Annabel nos ofrece sobre este mundo de la marca personal y la búsqueda de trabajo. ¡Espero que la disfrutéis!

Josef: ¡Buenas tardes! Hoy estoy con Annabel Edo, quien nos va a compartir su perspectiva y su enfoque, que me parecen sumamente interesantes, de no vincular la marca personal únicamente a la venta de productos, como tazas o camisetas, sino a algo mucho más profundo. Como nos explicará, una de las grandes dificultades que enfrentamos hoy en día es aprender a comunicar nuestro talento de manera efectiva. Annabel Edo, ¿cómo estás?

Annabel: Hola, muy bien.

Josef: Cuéntanos un poco sobre ti, tu trayectoria y por qué estamos hablando esta tarde.

Annabel: Claro. Soy española y empecé mi carrera en la banca de inversión. Después, me enfoqué en liderazgo empresarial y desarrollo corporativo, especializándome en expansión internacional. A lo largo de mi trayectoria, he trabajado en diferentes sectores, desde el mundo financiero y bancario hasta la industria, el ámbito inmobiliario y la consultoría. Gracias a esta experiencia, decidí dar un gran salto y mudarme a Estados Unidos. Llegué sólo con una maleta y muchas ganas de encontrar trabajo. Durante seis meses, me dediqué a investigar cómo acceder a potenciales empleadores, sumergiéndome en libros y metodologías. Finalmente, me redefiní profesionalmente como *headhunter*,[1] y actualmente trabajo en Ackerman International, donde me encargo de la contratación de directores y ejecutivos para empresas en Estados Unidos y Canadá.

Josef: En términos generales, ¿cómo puede una persona explicar su propio talento?

---

1. Un *headhunter* es un reclutador especializado en buscar profesionales altamente cualificados, especialmente para puestos ejecutivos o estratégicos. Se basa en candidatos pasivos, que no están buscando empleo activamente, y trabaja por encargo de empresas que necesitan talento específico y especializado.

Annabel: No es fácil hacerlo bien. De hecho, cada vez me encuentro más perfiles de altos directivos que tienen dificultades para expresarse y venderse a sí mismos. Aquí, en Estados Unidos, usamos mucho el término *elevator speech*, que probablemente también es conocido en España. Se trata de ser capaz de presentarte y definirte en el tiempo que dura un trayecto en ascensor, es decir, en dos, tres o como máximo cinco minutos. Tienes que ser capaz de comunicar quién eres, qué buscas y qué ofreces en ese breve lapso.

A mucha gente le cuesta expresarse y venderse, en gran parte porque también tenemos miedo de lanzarnos al mundo. Existe el temor de no ser lo suficientemente buenos y de no cumplir con las expectativas sociales, lo que se conoce como el síndrome del impostor.

Josef: ¿Consideras que este problema es algo propio de España o se da a nivel internacional?

Annabel: Creo que es un problema global. Algunas culturas pueden estar mejor preparadas para enfrentarlo. En Estados Unidos, por ejemplo, la gente suele tener más recursos para venderse porque han sido educados en una cultura más liberal y enfocada en la autosuficiencia.

Los españoles venimos de una cultura más conservadora y católica, donde predomina el principio de la prudencia. Esto nos lleva a ser más cautos al hablar de nosotros mismos, pero, a la vez, esta reserva a veces nos impide expresar claramente nuestras fortalezas y transmitir el valor que podemos aportar. En mi experiencia reclutando directivos en varios países, he visto que, en general, a la gente le cuesta mucho hablar de sí misma, tener claro en qué es buena y cómo defender sus capacidades.

Josef: ¿Crees que esto se debe a que pensamos que alardear sobre nuestro talento puede parecer arrogante?

Annabel: Sí, éste es uno de los motivos. Existe el miedo a parecer prepotente o presuntuoso, pero no es sólo eso. Como mencionaba antes, uno de los grandes obstáculos es no estar a la altura de las expectativas. Por ejemplo, si soy un directivo de una gran empresa, se espera que tenga un discurso mucho más sofisticado y que mi nivel esté por encima del resto. Además, en situaciones como entrevistas o conferencias, no sólo tengo que vender lo que soy hoy, sino lo que puedo llegar a ser mañana. Ahí es donde entra en juego el síndrome del impostor, esa sensación de inseguridad frente a lo desconocido que aparece cada vez más en los discursos personales.

Josef: En tu trabajo, cuando una empresa os contacta para buscar un perfil específico, ¿prestáis atención a las redes sociales del candidato, como LinkedIn o Instagram? ¿Es importante que cuiden su presencia *online*?

Annabel: Es una excelente pregunta y, de hecho, últimamente he estado investigando mucho sobre este tema. El paradigma de la búsqueda de talento ha cambiado por completo. Antes, enviabas tu currículum a una oferta, el equipo de Recursos Humanos lo revisaba y seleccionaba a algunos candidatos para entrevistar. Ahora, todo es diferente. La autopromoción pública ha cobrado gran relevancia. LinkedIn se ha convertido en la nueva tarjeta de presentación, el nuevo *business card*. Por ejemplo, la sección «About» de LinkedIn ha reemplazado lo que antes era la carta de presentación o *cover letter* que se enviaba a las empresas.

Todo lo que publicas en LinkedIn es clave para que te encuentren, sobre todo porque el 95 por ciento de los reclutadores utilizan esta plataforma para buscar talento, y el 67 por ciento sólo se basa en LinkedIn para hacerlo. Esto demuestra el peso enorme que ahora mismo tiene LinkedIn en el mundo laboral y en cómo uno se expone profesionalmente. Como comentabas, es la red más relevante en el ámbito profesional.

Además, es importante entender cómo trabajamos los cazatalentos. Nosotros utilizamos una herramienta de LinkedIn llamada «Recruiter», que tiene un costo considerable, pero nos permite acceder a una cantidad de perfiles mucho mayor que un usuario normal. Como se basa en algoritmos de búsqueda con palabras clave, es crucial que los candidatos tengan un buen perfil en LinkedIn. De hecho, son estas palabras clave las que nos permitirán encontrarte si estamos buscando un perfil similar al tuyo. Además, esta herramienta nos permite llegar hasta la tercera conexión, es decir, podemos conectar con hasta tres personas más allá de nuestra red directa. Esto nos lleva a un punto clave, el *networking*, que ha cobrado aún más relevancia, incluso más allá de las redes. De este modo, importa con quién te conectas y qué acciones proactivas tomas para influir en tu ecosistema y conexiones.

Así pues, el hecho de conectar con personas relevantes dentro o fuera de tu industria amplía tu red de contactos de manera exponencial, ya que a través de estas terceras conexiones se expande tu alcance. Antes, esto no existía: las redes no eran importantes y alguien en Misisipi, por ejemplo, nunca habría sabido de tu existencia. Hoy, en sólo tres pasos, una persona en Barcelona puede estar directamente conectada con un reclutador en Misisipi. Este nuevo mundo de exposición es enorme.

Por tanto, es fundamental cuidar tu presencia en estas plataformas, no sólo el contenido que compartes, sino también la imagen, el tono y la manera en que te presentas. Me encuentro con muchos directivos y otros cargos que no prestan la atención adecuada a su perfil de LinkedIn, creyendo que no es relevante. Sin embargo, incluso cuando conoces a alguien en un grupo de amigos, lo primero que sueles hacer es buscarlo en LinkedIn para ver quién es.

En cuanto a las otras redes sociales, debes manejarlas con cuidado, sobre todo dependiendo del nivel de tu carrera o de lo que estés buscando. Si estás en plena búsqueda de empleo o aplicando a entrevistas, lo mejor es mantener tu Instagram o Facebook privados, reservados sólo para tus conexiones próximas. Hoy en día, la gente tiende a *googlear* tu nombre y revisar todo lo que aparece sobre ti. Por ello, lo que encuentren debe proyectar una imagen limpia y profesional, o al menos neutral, evitando exponer demasiada información personal.

Josef: Guau, es muy interesante todo esto. Se me ocurren dos preguntas. La primera: siempre se dice que LinkedIn es una red social profesional, pero ¿valoráis o penalizáis cuando alguien publica algo más personal para humanizarse? ¿O debería limitarse estrictamente a lo profesional?

Annabel: No, la parte humana es interesante, ya que puede darte una visión más cercana de la persona. Sin embargo, como *recruiters*, vemos alrededor de 250 perfiles al día y los revisamos de manera muy superficial. La parte humana, sinceramente, no solemos verla y, aunque suene mal decirlo, tampoco nos interesa tanto. Lo que realmente nos importa es el recorrido profesional, las palabras clave que el candidato usa en las descripciones de sus empleos (que muy pocos hacen bien) y si el perfil genera confianza.

¿Qué significa esto? Nos fijamos en los saltos temporales breves y mal explicados. A veces tienen sentido, como cuando alguien trabaja en proyectos cerrados o está en roles interinos, pero necesitamos entender si el perfil es fiable. Al final, tenemos un número limitado de candidatos que podemos presentar a un cliente, y no podemos arriesgarnos. Entonces, aunque no está mal compartir algo personal, hay que ser cuidadoso. Si el contenido es demasiado disruptivo, quizá sería mejor reservarlo para otra red social.

Josef: ¿Qué tres consejos les darías a las personas que, después de escuchar esto, quieren mejorar rápidamente su perfil en LinkedIn?

Annabel: Para empezar, me enfocaría en la descripción de cada experiencia profesional en formato de *bullet points*. Es importante que se expliquen claramente las responsabilidades que han tenido en cada puesto. No es necesario entrar en detalles excesivos ni revelar información confidencial de la empresa, pero sí incluir las funciones principales. Esto debe dar una idea clara de por qué te deberían elegir a ti y no a otra persona. Además, en cada *bullet point* debería haber al menos un dato numérico, por ejemplo, «contribuí a incrementar las ventas en un 50 por ciento anual». Los números siempre llaman la atención y hacen que el reclutador se fije en tu perfil. Está comprobado que un reclutador invierte, en promedio, seis segundos en revisar un perfil, por lo que debe estar todo muy bien estructurado. Ése sería mi primer consejo.

El segundo tiene que ver con el *networking*. Se debe conectar, pero no hacerlo de manera indiscriminada. A veces la gente empieza a enviar invitaciones de conexión a todo el mundo sin pensar en el valor que le pueden aportar. Lo ideal es conectar de forma estratégica: piensa en las personas que conoces, ya sea de la universidad, de trabajos anteriores, de eventos sociales, amigos, familiares, etcétera. Estamos rodeados de buenos profesionales, aunque no sean de nuestro ámbito, y no sabemos a dónde nos puede llevar ese contacto en el futuro.

Por último, cuidaría mucho el aspecto visual del perfil, especialmente la imagen. Aunque no deberíamos juzgar a alguien sólo por su apariencia, la realidad es que una buena foto cuenta mucho. Hoy en día, todos tenemos acceso a un móvil con el que podemos tomarnos una foto decente, o incluso utilizar herramientas de inteligencia artificial para mejorar nuestra apariencia. Tanto si vistes con corbata porque trabajas en una oficina como si tienes un estilo más alternativo, es importante proyectar la imagen que quieres mostrar al mundo de manera limpia y cuidada. Éstos serían mis tres consejos principales.

Josef: ¿Interactuar con otros perfiles en LinkedIn también ayuda a que seas más visible para vosotros como reclutadores?

Annabel: Sí, porque esto incentiva el algoritmo. El hecho de que publiques contenido, como artículos que hayas escrito o cualquier tipo de material, te posiciona mejor en el algoritmo, especialmente por el uso de palabras clave. Cuando los reclutadores estamos buscando perfiles, el algoritmo utiliza esas *keywords*. Al interactuar con otras personas, también te haces más visible y aumentas la posibilidad de que quieran conectar contigo. Si además subes contenido interesante, no sólo estarás incentivando el algoritmo, sino que también estarás atrayendo a gente que podría querer conocerte o trabajar contigo. Lo que más impulsa todo esto es la capacidad de conectar con el resto.

Josef: Yo pago 57 euros al mes por LinkedIn Premium, pero la verdad es que no sé si vale la pena. ¿Realmente tiene algún beneficio significativo?

Annabel: Bueno, depende de tu objetivo en la plataforma. Si sólo tienes LinkedIn para presentarte al mundo profesional, entonces probablemente no necesites pagar por la versión *premium*. Pero si tu objetivo es construir y trabajar tu red de contactos, entonces sí te recomendaría LinkedIn Premium, porque te da más acceso y visibilidad. Te amplía el rango de conexiones de primer y segundo grado hasta casi el tercero, y también te permite enviar InMails (creo que son doce al mes), para contactar directamente con personas con las que no estás conectado.

Si estás buscando trabajo, definitivamente es una herramienta útil. Te permite enviar mensajes a reclutadores, ver quién ha publicado una oferta de trabajo (cosa que no podrías hacer sin la versión *premium*) y contactar directamente con ellos. Esto fomenta la proactividad en la búsqueda de empleo, ya que puedes identificar y contactar con gente clave en las empresas que te interesan o aplicar a trabajos con mayor efectividad.

Josef: ¿Es invasivo enviar mensajes directos? Por ejemplo, si estamos muy interesados en una empresa, ¿deberíamos esperar a que nos llamen o tomar la iniciativa y enviar un mensaje del tipo: «Me encantaría trabajar con vosotros»?

Annabel: El mundo de la búsqueda de empleo ha cambiado, incluso el hecho de establecer una conexión para algo que necesitas. No podemos esperar que las oportunidades lleguen a nosotros de manera pasiva. Antes, podía funcionar así, porque no teníamos las herramientas tecnológicas que tenemos hoy en día, pero con el alcance que tenemos ahora debemos ser proactivos. Primero, porque tenemos las herramientas a nuestra disposición y, segundo, porque competimos en un mercado mucho más amplio que el de antes.

Por ejemplo, si aplicas a una oferta de empleo, es posible que ya haya doscientas cincuenta personas que se postularon antes que tú, y sólo las primeras cuarenta o cincuenta serán consideradas. En muchos casos, las empresas suben ofertas de trabajo a LinkedIn sólo por cumplir con políticas internas, pero nadie está realmente revisando esos currículums. Me encuentro con muchos buscadores de empleo que me dicen: «He aplicado a muchas empresas, pero no me llaman». Esto se debe a que la tasa de éxito para recibir una respuesta es apenas del 8 por ciento, lo cual es muy bajo.

Entonces, ¿qué tenemos que hacer? Ser proactivos. Hay que ponerle energía y esfuerzo a conseguir lo que queremos. Si estás buscando empleo, no basta con aplicar a una oferta; si sabes quién la publicó (por ejemplo, una persona llamada Laura Pérez, que trabaja en adquisición de talento en Danone), deberías contactarla directamente. Incluso podrías intentar hablar con el que sería tu jefe en el puesto que te interesa.

A los *millennials* nos cuesta mucho ser proactivos, en este sentido, quizá porque nuestra cultura nos ha enseñado a ser prudentes. Las generaciones más jóvenes parecen estar más preparadas para tomar esta iniciativa. Sin embargo, os invito a hacerlo, porque en el paradigma actual destacarás si lo haces. Escribe a la persona encargada del talento y dile: «He visto esta oferta y me encantaría hablar cinco minutos contigo, creo que podría encajar muy bien». Eso sí, hay que ser cuidadoso. Me he encontrado con casos en los que me contactan de manera demasiado informal, como: «Hola, Laura, ¿qué tal? ¿Cómo estás?» o «¿Todo bien? Oye, vi la oferta, me encanta. ¿Cuándo nos llamamos?». Esto puede ser contraproducente; no es la forma adecuada de aproximarse a alguien.

Por tanto, debes controlar cómo te diriges a los demás; y la mejor manera de captar su atención es apelando a su ego. Por ejemplo, si encontramos al posible jefe de contratación, la persona que sería tu director en esa empresa, no deberías abordarlo directamente pidiéndole trabajo. En lugar de eso, podrías decir algo como: «Admiro mucho tu carrera y perfil, estoy buscando un cambio en mi trayectoria y me encantaría saber si podrías dedicarme cinco minutos para un café virtual, donde me guíes sobre cómo enfocar mis próximos pasos».

Es posible que esa persona no tenga una oportunidad para ti en ese momento, pero si logras tener esa conversación, que probablemente no será de cinco minutos, sino de media hora o más, podrás aprender mucho. Estarás hablando con alguien que tiene más experiencia que tú y que además trabaja en una empresa a la que aspiras entrar. Incluso si no hay un puesto disponible, si logras conectar de manera positiva, puede suceder que esa persona te diga: «No tengo nada ahora, pero conozco a alguien en otra empresa que podría estar interesado», y te ponga en contacto.

Ésta es la manera adecuada de conectar y de venderte a ti mismo. Debemos hacerlo siempre desde una postura de humildad y respeto hacia la persona que nos está dedicando su tiempo de manera gratuita, porque el tiempo tiene un valor. Lo ideal es acercarse pidiendo ayuda, pero también pensando en qué puedes ofrecer a cambio. En este mundo, nadie hace nada sin obtener algo, así que es importante preguntarnos: «¿Qué valor puedo aportar yo?». Siempre tenemos algo que ofrecer, y es clave identificarlo para establecer conexiones genuinas y fructíferas.

Josef: ¿Qué tendencia crees que tienen las empresas en el aspecto laboral? ¿Quieren flexibilidad o productividad? ¿Qué están buscando en 2024, con la inteligencia artificial de por medio?

Annabel: Es una muy buena pregunta. Las empresas han cambiado muchísimo en los últimos años, y no sólo año a año, sino mes a mes. Además, siguen intentando encontrar su lugar después de la pandemia. Antes, nadie se imaginaba trabajar en remoto; luego, pasamos al *full* remoto; después se implantaron los modelos híbridos; y ahora muchas empresas están reclamando la vuelta al trabajo presencial al cien por cien. Las compañías están buscando cómo redefinir sus estructuras porque el mercado de talento también tiene sus propias exigencias: los trabajadores no están dispuestos a regresar a sus puestos de forma completamente presencial. Quieren flexibilidad, beneficios y una atención que antes no se ofrecía.

En cuanto a la gestión del talento, que creo que es hacia donde va tu pregunta, ya no se trata tanto de tener muchos años de experiencia en un nicho o una especialización concreta. Ahora lo que más se busca, que a la vez es sorprendentemente difícil, es gente comprometida, con energía, con ganas de dar el cien por cien a la empresa y, sobre todo, con una lógica racional. ¿A qué me refiero con esto? A esa capacidad de decir: «¿Cómo resuelvo este problema?», sin tener que ser un director financiero para hacerlo. Todos tenemos esta lógica, pero necesitamos ponerla en práctica y querer usarla.

Nosotros vemos a muchas personas que se quedan atascadas en su propio cuadrado y no saben cómo salir de ahí. Yo les recomendaría evolucionar. Con la tecnología y la inteligencia artificial, el paradigma está cambiando. Hoy en día, es más importante saber qué preguntas hacer a herramientas como ChatGPT que tener años de experiencia o varios títulos universitarios.

Por otro lado, hay profesionales con carreras, másteres y certificados que se bloquean ante un problema, a pesar de tener todas las herramientas actuales a su disposición. Lo que necesitamos son personas que piensen: «Si esto no funciona por esta vía, ¿qué otras opciones tengo? ¿Cómo puedo pensar fuera de la caja? ¿Cómo puedo reinventar la situación para alcanzar una solución o un objetivo concreto?».

Josef: En este contexto, ¿se nota la diferencia entre la predisposición de lo masculino y lo femenino? Por ejemplo, en la Bolsa es evidente que las mujeres operan de manera distinta. ¿En el mundo del talento también se perciben diferencias? A la hora de venderse y de expresar su marca personal, ¿los hombres tienen más habilidades en este aspecto que las mujeres? ¿O no hay diferencias entre ambos?

Annabel: Depende mucho del mercado, y aquí la influencia geográfica es bastante notable. Mi experiencia principalmente es en Estados Unidos, donde no hay tanta diferencia, pero en España sí que la hay, y bastante. Allí, los hombres suelen estar menos preparados para venderse, pero lo hacen más. Las mujeres, por otro lado, tienen un discurso mucho más sólido, pero se venden por debajo de sus capacidades. Esto se debe a una herencia cultural de muchos años, que ha llevado a la mayoría de las mujeres a no asumir completamente el valor o el rol que ocupan en cada momento. Así que, en general, las mujeres tienden a venderse por debajo de lo que realmente valen, mientras que los hombres tienden a hacerlo por encima.

Josef: Recientemente, un amigo mío te pidió cuatro consejos para buscar trabajo. ¿Qué le dijiste? Es decir, ¿qué errores cometía un profesional consolidado en un sector importante, que había trabajado en grandes empresas, pero llevaba un tiempo sin conseguir empleo y estaba en la fase final de una entrevista? ¿Qué le recomendaste para aumentar sus probabilidades de éxito, que al final sí tuvo y consiguió el trabajo?

Annabel: Bueno, fue un acompañamiento a lo largo de todo el proceso. En este caso, comenzamos con lo más básico, como el currículum y LinkedIn, para posicionarnos bien en el perfil y comprender claramente cuáles eran sus competencias y hasta dónde podía llegar. A menudo me encuentro con personas que están buscando trabajo, pero no tienen claro hacia dónde quieren ir, no saben qué quieren ser, en qué empresas o sectores les gustaría trabajar, qué es lo que realmente les apasiona. Por tanto, definimos el siguiente paso en su carrera: ¿dónde quiero trabajar y qué tengo claro que no quiero en mi vida? Esto último es crucial.

Muchas veces, recomiendo hacer un ejercicio inverso: identificar qué no quieres, para luego convertir esos *no* en *sí* y determinar lo que realmente deseas. A veces, es difícil saber exactamente lo que uno quiere, pero partir desde lo que no se desea puede ser muy útil para avanzar. En el caso de tu amigo, definimos si prefería un rol más creativo o analítico, si tenía mayor afinidad por alcanzar objetivos concretos o si se veía más como un solucionador de problemas. Así logramos entender su enfoque y motivaciones.

También trabajamos mucho en el *elevator pitch*, ese discurso de venta personal. Él partía de cierta inseguridad y de no sentirse lo suficientemente capacitado para aspirar a lo que realmente quería. Sin embargo, el perfil estaba completamente preparado; sólo necesitaba creer en sí mismo y confiar en que había oportunidades para él. Asimismo, revisamos cómo acceder a ellas: cómo hacer *networking* y contactar con *headhunters*; y la importancia de hablar tanto con ellos como con su círculo cercano, que podía abrirle puertas a entornos que nunca había considerado.

Llegar *a puerta fría*, como comentábamos antes, a través de LinkedIn o buscando ofertas disponibles en el mercado, es un proceso que requiere estrategia. Siempre digo que buscar trabajo es un trabajo en sí mismo y a tiempo completo. En muchas ocasiones, si ya estás empleado, se vuelve complicado porque debes dedicarle al menos tres o cuatro horas diarias adicionales, lo cual es bastante. Si no estás trabajando, el desafío es otro: la presión y la necesidad urgente de encontrar un empleo pueden volverse abrumadoras. Esa sensación de que el tiempo corre y de que los beneficios o el seguro de desempleo se terminan puede generar estrés y bloquear la capacidad de pensar con claridad, haciendo que la inseguridad crezca.

Cuando ocurren este tipo de situaciones, trabajamos mucho el refuerzo del pensamiento positivo. Ir a una entrevista no es escalar el Himalaya; simplemente te vas a sentar frente a alguien con quien tendrás una conversación de igual a igual y responderás de manera natural. Una de las técnicas que recomiendo más, y que trabajamos en este caso en particular, es preparar el *elevator pitch*. Puede ser tedioso, pero es extremadamente efectivo y da buenos resultados. Mi recomendación es: describe quién eres, a qué te dedicas, qué valor aportas y qué quieres lograr. Después, escribe en un papel ese discurso que utilizarías en una entrevista, como si fuera el guion de una película. Revísalo y ajústalo varias veces, perfecciónalo y, cuando lo tengas claro, apréndetelo de memoria. De este modo, si lo interiorizas, te saldrá de manera natural, como si estuvieras charlando con un amigo en un bar. Se convertirá en algo fluido y auténtico, y te generará confianza, porque no estarás improvisando ni darás la impresión de estar demasiado preparado. Lo habrás integrado y te saldrá de forma espontánea.

Además, ese discurso debe ser coherente en todas las entrevistas dentro de una misma empresa. A veces, las personas cuentan una parte de su historia en una entrevista, y en la siguiente ofrecen otra versión que no coincide. Esto crea confusión y debilita su perfil, ya que no logran mantener una narrativa sólida y consistente.

Josef: Has mencionado algo que realmente me ha impactado, y ni siquiera lo tenía en mente: el currículum. Entiendo su importancia a nivel de marca personal y profesional, pero ¿cuál dirías que es un error común en un currículum? ¿Qué es un *no* rotundo? ¿Qué no deberíamos incluir o hacer?

Annabel: Lo primero es el formato. A veces, la gente se pone demasiado creativa y utiliza colores, gráficos o diseños elaborados. No, por favor, esto no es una clase de arte ni estamos en el Paint, por lo que lo mejor es un formato sencillo y profesional. De hecho, siempre recomiendo uno de los formatos estándar de Harvard, que son accesibles al público, y no sólo te proporcionan plantillas, sino que también tienen una biblioteca enorme de verbos y términos que puedes usar para redactar tus puntos clave de experiencia.

El currículum debe ser coherente con tu perfil de LinkedIn, y viceversa. En realidad, el currículum no es más que tu LinkedIn en formato papel. Sin embargo, descargar tu perfil de LinkedIn directamente en PDF y presentarlo así es un error garrafal, porque demuestra falta de esfuerzo y, honestamente, me hace dudar de recomendarte como candidato.

Cuando elaboras tu currículum, evita llenarlo de información innecesaria. Idealmente, no debería superar las dos páginas, así que suprime lo irrelevante y sé conciso. Ve directo al grano: destaca tus habilidades más importantes y lo que realmente te define. Al final, los reclutadores sólo tienen unos segundos para revisarlo, y debes captar su atención de inmediato.

También es muy importante que cuentes una historia clara. En mi trabajo, en un día puedo llegar a ver el currículum de doscientas cincuenta personas, pero probablemente sólo recordaré a dos o tres: aquellos que lograron conectar conmigo de alguna manera o que hicieron que algo en su perfil o su historia me impactara. De algún modo, tuvieron una narrativa que los diferenció del resto. Profesionalmente, todos los directores de Marketing que aplican para una posición de dirección son muy similares en términos técnicos, pero quien consigue contarme algo un poco más disruptivo es el que llama mi atención y se queda en mi memoria.

Josef: Annabel, muchísimas gracias por tu tiempo. Ha sido muy interesante conocer este enfoque sobre comunicación y marca personal, así como los consejos que has compartido. Estoy seguro de que más de uno de nuestros lectores se sentirá inspirado y probablemente irá directo a revisar su perfil de LinkedIn ahora mismo.

Annabel: Eso espero. Gracias a ti.